Die gute alte Zeit

Die besten Rezepte aus Großmutters Küche

Die gute alte Zeit

Die besten Rezepte aus Großmutters Küche

1

Im Frühling, wenn die ersten grünen Blättchen sprießen, sehnt man sich nach frischen, natürlichen Produkten. Daher bietet dieses Kapitel leichte Gerichte mit den ersten Gaben der Natur, mit Wildkräutern wie Brennnessel und Löwenzahn, mit frischen Eiern und Frühlingsgemüsen.

2

Sommerzeit – Einmachzeit! Doch dieses Kapitel zeigt, dass man aus Erdbeeren, Himbeeren, Kirschen und Pflaumen neben Marmeladen auch viele andere Köstlichkeiten zubereiten kann. Zusätzlich gibt es viele Rezepte für Essig und Öl mit frischen Kräutern.

3

Im Herbst war früher gut beraten, wer sich für die karge Winterzeit rüstete. Dieses Kapitel bietet neben herzhaften Gerichten mit Fleisch und Herbstgemüsen allerlei pikant Eingelegtes mit Pilzen, Kürbissen und anderen Früchten des Herbstes.

4

Früher wie heute sind die traditionelle
ums Weihnachtsfest ein Lichtblick in der d
So findet sich hier allerlei Naschwerk, abe
Getränke wie Hagebuttenlikör und Schlehe
auch bestens zum Verschenken geeignet.

Die gute alte Zeit

Eingemachtes gehörte früher einfach dazu. Der große Einkochtopf, Entsafter und Vorratsgläser wurden im Spätsommer hervorgeholt, um Köstlichkeiten aus Früchten und Beeren zuzubereiten.

Einleitung

Die gute alte Zeit liegt für mich nicht weiter zurück als meine Kindheit. Es war die Zeit, in der die Erträge der Jahreszeiten den Speiseplan bestimmten, der Garten das Gemüse lieferte und das Obst überwiegend von eigenen Bäumen stammte. Eier und Fleisch lieferten die Hühner, die im Hinterhof scharrten; zwei selbst gemästete Schweine sorgten jedes Jahr für Wurst, Speck und Schinken sowie für manchen Sonntagsbraten.

Die wenigen Jahrzehnte, die seither vergangen sind, brachten tief greifende Änderungen der Lebensgewohnheiten mit sich. Vieles von dem, was einst zum Selbstverständlichen gehörte, blieb auf der Strecke. Mit dem Wandel stellten sich auch völlig neue Ernährungsgewohnheiten ein. Wenn an der heutigen modernen Haushaltsführung etwas zu bedauern ist, dann sicherlich, dass viele frische Produkte durch industriell genormte Kost ersetzt wurden. Ein Dosengericht kann weder den Nährwert noch den Geschmack einer traditionell geköchelten, herrliche Duftschwaden durch das Haus verbreitenden Mahlzeit erreichen, kein Saucenpulver oder Bratensaftwürfel die Saucen ersetzen, die Fleisch von traditionell gemästetem Vieh als Ausgangsprodukt hatten. Insofern bedeutet der Fortschritt der Technik und die Änderung der Lebensweise gleichzeitig Verzicht auf viele gute Dinge, die früher selbstverständlich waren. Natürlich kann und will heute kaum mehr einer haushalten wie früher. Doch warum sollte man sich nicht ab und zu ein selbst gebackenes Brot, eine selbst eingekochte Marmelade oder einen selbst angesetzten Likör gönnen?

Neben der Freude an der kreativen Beschäftigung und der Geldersparnis kommt hinzu, dass man nur bei Selbstgemachtem sicher sein kann, dass das Lebensmittel keine unerwünschten Zusatzstoffe enthält.

Einleitung

In den folgenden Kapiteln möchte ich Sie einladen, mit mir einen Streifzug durch die Jahreszeiten zu unternehmen und die typischen Produkte und die Tätigkeiten kennenzulernen, die früher in Haus und Garten zu verrichten waren. Lassen Sie sich von den Rezepten anregen, mit ganz einfachen Mitteln ein wenig von der »guten alten Zeit« in Ihren Alltag zu holen. Doch zuvor möchte ich kurz einige Höhepunkte des Jahres schildern, wie sie mir aus meiner Kindheit in Erinnerung geblieben sind.

Wir wohnten in einem sehr ruhigen Vorort der Großstadt Hamburg. Gemüse wurde im kleinen Garten hinter dem Haus angebaut. Die Beete wurden im Frühjahr mit Karotten, Feldsalat, Busch- und Stangenbohnen, Erbsen, Tomaten, Gurken, Zwiebeln und den von uns Kindern heiß begehrten Erdbeeren bepflanzt. Einige Obstbäume, darunter verschiedene Apfelbäume, Birnen-, Kirschen-, Pflaumen- und Zwetschgenbäume, sorgten nicht nur für Schatten, sondern dienten auch als Klettergerüste.

All die Dinge, die im Haushalt benötigt wurden und die weder Garten noch Natur lieferten, wurden von einem »Kolonialwarenhändler« mit einem kleinen klapprigen Auto ins Haus gebracht. Dann stapelten sich Zucker-, Mehl- und Salztüten in der Küche – abgepackte Ware gab es noch nicht. Für uns Kinder war das immer ein ganz besonderer Tag, denn mit den Einkäufen wurde eine kleine Spitztüte mit Bonbons abgegeben. Himbeerdrops, mit Schokolade gefüllte Goldbällchen und hin und wieder Karamellbonbons waren in diesen Tütchen. Ganz gleich, wie wir auch versuchten, mit unserem Schatz zu haushalten, schnell waren die Süßigkeiten verputzt.

Ostern war das erste große Familienfest. Nach dem Kirchgang begann das Eiersuchen. Einige wenige gekaufte Schokoladeneier ergänzten die vielen bunten Hühnereier, die wir Kinder dann an den Ostertagen aßen. Verwandte und Bekannte kamen zu Besuch, ein Festtagsbraten gehörte einfach dazu.

Die gute alte Zeit

Kartoffeln und Kohlköpfe lieferte uns ein Bauer mit seinem Pferdewagen. Wenn wir Kinder beim Abladen geholfen hatten, durften wir als Belohnung danach ein Stück Wegs auf dem Gespann mitfahren. Alle Kartoffeln, in Jutesäcke abgefüllt, mussten im Keller vor dem Einlagern in die große Kartoffelkiste sortiert werden. Kleine Kartoffeln wurden als Schweinefutter beiseite gelegt. Die Kohlköpfe wurden schon bald nach der Lieferung gerebelt und in großen irdenen Kruken zu Sauerkraut verarbeitet.

Zum Herbst hin war der Vorratsraum im Keller prall gefüllt. Gläser mit Eingemachtem standen in Regalen säuberlich geordnet, die Kartoffelkiste war randvoll. Die großen Steingutbehälter mit Sauerkraut und eingelegten Gurken standen an der Wand, eingemachtes Fleisch in Gläsern und Wurst von der Schlachtung waren, wie es schien, im Überfluss vorhanden. Später, wenn die Schinken und der Speck aus der Schlachterei nach dem Räuchern zurück waren, hingen diese an großen Haken von der Decke herab.

Absoluter Höhepunkt des Jahres waren die Adventszeit und Weihnachten. Wochenlang fieberten wir dem Fest entgegen. Das Raten, was wohl unter dem Christbaum an Geschenken liegen würde, beschäftigte uns ununterbrochen, bis dann, endlich, der große Tag da war. Abends vor der Bescherung gab es Kartoffelsalat mit Würstchen. Irgendwie war der Appetit aber nie so recht vorhanden. Zu groß war die Vorfreude auf die Geschenke und die Apfelsinen, die es nur zu Weihnachten gab.

Diese Feste und Ereignisse blieben in meiner Erinnerung haften. Sie waren ein Teil unseres unbeschwerten Lebens in einer Zeit, als wir uns reich fühlten, ohne reich zu sein. Wir freuten uns noch über kleine Dinge, die nichts mit Geld oder Konsum zu tun hatten. Zufriedener als viele Menschen der heutigen Zeit waren wir allemal.

Frühling

Wenn die neuerlich wärmer werdenden Strahlen der Sonne beginnen, Bäumen und Sträuchern ihr Winterkleid abzustreifen, und das triste Braun allmählich einem zarten Grün weicht, kündigt sich die wärmere Jahreszeit an. Langsam erwacht die Natur zu neuem Leben und der Frühling wird in Kürze mit seinen prächtigen Farben Einzug halten. Und mit den nun bald in Garten und Flur sprießenden Kräutern und Beeren kehren auch die frischen Produkte in die Küche zurück.

Die Schlüsselblume mit ihren gelben Blütenblättern gehört zu den ersten Vorboten des Frühlings.

**»Winter, ade! Scheiden tut weh.
Aber dein Scheiden macht,
dass mir das Herze lacht,
Winter ade! Scheiden tut weh.«**

Endlich Frühling! Die Schneeschmelze setzte ein, die beißende Kälte wich nun gelegentlich einem lauerem Lüftchen und wir spürten es deutlich, der Winter war vorbei. An Büschen und Bäumen begannen die ersten Knospen zu schwellen, die Schneeglöckchen, lang ersehnte Frühlingsboten, schwankten mit ihren Blüten sanft im Wind, die Märzbecher begannen zaghaft zu blühen und nicht mehr lange, dann würden auch die ersten Krokusse mit ihren bunten Blüten als Verkünder der neuen Jahreszeit erblühen.

Nach den langen Wintermonaten, die nach den ersten Schneeballschlachten schnell an Attraktivität eingebüßt hatten, sehnten wir die Zeit herbei, in der wir draußen herumtollen konnten, ohne Mützen und Handschuhe anziehen zu müssen.

Im Hause hatten sich die vielen, vielen Vorratsgläser bedenklich geleert, nur wenige Saftflaschen, Marmeladen- und Kompottgläser standen noch in den Regalen. Die Äpfel, säuberlich auf Horden ausgelegt, waren schrumpelig geworden, die Kartoffeln ebenfalls. Zeit, dass die wärmere Jahreszeit mit ihrem Reichtum an Früchten käme.

Aber noch war es nicht so weit. Zu Beginn des Frühjahres war es ein festes Ritual, mit Spankörben bewaffnet ins »Wäldchen« zu ziehen. Wir kannten die Stellen, an denen wir die zartesten Löwenzahnblätter und die ersten Gänseblümchen finden konnten.

Als »Pusteblume« viel zu schade!
Die Blätter und auch die Blüten des Löwenzahns eignen sich als Grundlage vieler schmackhafter Gerichte.

Am Rande des Waldes, wo dieser in eine Viehweide überging, wurde an den ersten sonnigen Tagen fleißig gesammelt. Mit viel Hallo waren die Körbchen im Nu gefüllt und es ging wieder Richtung Haus, wo wir stolz die selbst gesammelten Kräuter in die Küche brachten.

Nachdem alle Blätter und Blüten sorgfältig verlesen waren, kamen sie getrennt in eine große Wanne, die auf dem Küchentisch stand, um gewaschen zu werden. Danach wurden die Blättchen in einem Sieb trockengeschwenkt. In der Zwischenzeit hatte Mutter die Marinade für einen Löwenzahn- oder Gänseblümchensalat fertig gerührt und abgeschmeckt. Und dann war es so weit, bereits in der Küche durften wir den ersten selbst gesammelten Salat des Jahres in kleinen Portionen probieren. Fast überflüssig zu erwähnen, dass diese Probierportionen immer viel besser schmeckten als die, die es später im Esszimmer gab. Dazu wurde Brot gereicht und Butter. Das Brot für den Haushalt wurde zweimal wöchentlich frisch im großen Ofen des Küchenherds gebacken. Noch heute bin ich sicher, dass die Kruste das Beste daran war. Und um den »Knust«, den Endabschnitt der Brote, stritten wir Kinder uns bereits, bevor das Brot fertig war.

Der Löwenzahn wurde bei uns außer für Salat noch für vielerlei andere Gerichte verwendet: Aus ihm wurde ein köstlich-würziger Brotaufstrich mit Quark und aus seinen Blütenknospen ein besonderes Gemüse zubereitet. Uns Kindern war er pur oft ein wenig zu bitter, deshalb bevorzugten wir den Löwenzahn-Quark. Heute kann man auf Wochenmärkten und beim Gemüsehändler Löwenzahn aus Kulturanbau erhalten. Diesem wurden die Bitterstoffe herausgezüchtet und er schmeckt deshalb milder als der in der freien Natur gesammelte.

Löwenzahn-Speck-Salat

200 g junge Löwenzahnblätter
1 hart gekochtes Eigelb
1 EL Sonnenblumenöl
2 EL Weißweinessig
1 EL scharfer Senf
jodiertes Salz
weißer Pfeffer a. d. Mühle
2 Zwiebeln
100 g Räucherspeckwürfel

Die Löwenzahnblätter verlesen, waschen und in Streifen schneiden. Das Eigelb in einer Schüssel zerdrücken, mit dem Öl, dem Essig und dem Senf zu einer Marinade verrühren. Mit etwas Salz und Pfeffer würzen. Die Zwiebeln schälen und in Würfel schneiden, zu dem Löwenzahn geben und die Marinade darüber geben. Den Speck in einer Pfanne knusprig auslassen und zusammen mit dem Bratfett über den Salat geben. (auf dem Foto: unten)

Variation: *4 Frühlingszwiebeln, in Stücke geschnitten, und 1 Bund Radieschen, in Scheiben geschnitten, zu dem Salat geben. Oder 100 g in Würfel geschnittenen reifen Camembert dazugeben.*

Löwenzahngemüse

250 g Löwenzahnknospen
2 EL Butter
6 EL süße Sahne
jodiertes Salz
weißer Pfeffer a. d. Mühle

Die Blütenknospen waschen und gut abtropfen lassen. Die Butter in einer Pfanne erhitzen und die Blütenknospen etwa 4 Minuten darin unter Rühren dünsten. Die Sahne einrühren und das Gemüse mit Salz und Pfeffer würzen.

Gänseblümchen-Frühlingssalat

250 g Gänseblümchenblätter
1 Bund Radieschen
jodiertes Salz
2 EL Sonnenblumenöl
Saft von ½ Zitrone
weißer Pfeffer a. d. Mühle
2 hart gekochte Eier
1 EL gehackter Schnittlauch
15 Gänseblümchenblüten zum Garnieren

Die Gänseblümchenblätter verlesen. Das Radieschenkraut abschneiden. Beides in Salzwasser waschen, dann trockentupfen und grob klein schneiden. Aus dem Öl, dem Zitronensaft, Pfeffer und Salz eine Marinade rühren. Die Gänseblümchenblätter und das Radieschenkraut gut mit der Marinade mischen. Die Radieschen waschen und putzen. Die Eier und die Radieschen in Scheiben schneiden. Beides auf den Salat legen. Mit dem Schnittlauch und den Blüten bestreut servieren. (auf dem Foto: oben)

Löwenzahnquark

100 g Löwenzahnblätter
200 g Speisequark
1 EL süße Sahne
3 EL Fleischbrühe
jodiertes Salz
weißer Pfeffer a. d. Mühle
1 EL gehackte Petersilie

Die Löwenzahnblätter verlesen, waschen und abtropfen lassen und in sehr feine Streifen schneiden. Den Quark mit der Sahne und der Brühe verrühren, mit Salz und Pfeffer abschmecken. Die Löwenzahnblätter unterheben und gut mischen. Mit der Petersilie bestreut servieren.

Neben Löwenzahn und Gänseblümchen wurden jedes Frühjahr junge Brennesseln gepflückt. Damals konnten wir die austreibenden Pflänzchen noch direkt am Straßenrand ernten. Das ist heute anders, ein Sammelplatz fernab von Straßen muss gefunden werden, da wegen der Autoabgase der Genuss von direkt an Straßenrändern wachsenden Pflanzen nicht zu empfehlen ist.

Wenn die Körbe wohlgefüllt waren, wurde der Heimweg angetreten. Uns erwartete spätestens am nächsten Tag ein weiteres, damals typisches Frühjahrsgericht, eine Brennnesselsuppe, die einfach zuzubereiten und dennoch köstlich ist. Nichts ist mehr von den brennenden Stacheln der Pflanze zu spüren. Im Gegenteil, zart und delikat sind die jungen Triebe. Hatten wir besonders viel gesammelt, wurden Brennnesseln gebündelt und zur Trocknung an einen schattigen Ort gehängt. Die getrockneten Blätter wurden dann in Dosen aufbewahrt. Daraus kann man einen harntreibenden Tee zubereiten, der sich bei Erkrankungen der Harnwege bewährt hat.

Übrigens: Im Gegensatz zu vielen anderen Kräutern wird die Brennnessel nirgends angebaut, man muss bei der Ernte also nach wie vor selbst Hand anlegen. Hin und wieder zogen wir auch zu einem in der Nähe befindlichen Flüsschen, schlicht Aue genannt. An diesen Sammelausflügen durften nur die älteren Kinder teilnehmen, es galt als Auszeichnung, am Sammeln von Brunnenkresse, die bei uns Wasserkresse genannt wurde, teilnehmen zu dürfen. Je nachdem, wie viel davon gerade wuchs, wurde aus den Blättchen eine Suppe gekocht. Aber auch als Salat, meist mit Löwenzahnblättchen und auch mit Brennnesseln vermischt, wurde die Kresse gereicht. War die Ernte, die teilweise bis zum Herbst möglich war, besonders reichlich, wurde aus den jungen Trieben, dem Kraut, auch Saft gepresst. Diesen, in kleine dunkle Flaschen abgefüllt, verwendete Mutter als Infektionsvorbeugemittel. Ein oder zwei Teelöffel davon pro Tag wurden vorbeugend bei Verdacht auf Erkältung verabreicht und von uns Kindern dann brav geschluckt.

Früher bereitete man aus Brennnesseln eine typische Frühjahrssuppe zu.

Einfache Brennnesselsuppe

14 mittelgroße mehlig kochende Kartoffeln
2 Zwiebeln
1 EL Butter
200 g Brennnesselspitzen
750 ml heiße Fleischbrühe
150 ml Milch
1 Msp. geriebene Muskatnuss
jodiertes Salz

Die Kartoffeln schälen und in kleine Würfel schneiden. Die Zwiebeln schälen und in Würfel schneiden. Die Butter in einer Pfanne erhitzen und die Zwiebeln darin andünsten. Die Brennnesselspitzen dazugeben und kurz mitdünsten. Die Kartoffeln dazugeben, dann die heiße Fleischbrühe angießen. Alles etwa 12 Minuten kochen lassen, danach mit dem Pürierstab pürieren. Die Milch hinzufügen, kurz erhitzen und die Suppe mit Muskatnuss und Salz abschmecken.

Ganz einfach, aber sehr wohlschmeckend ist diese Cremesuppe mit Brunnenkresse.

Brunnenkressesuppe

250 g Brunnenkresse
4 EL Butter
3 mittelgroße mehlig kochende Kartoffeln
500 ml Fleischbrühe
3 EL Milch
5 EL süße Sahne
1 TL grüner Pfeffer (a. d. Glas)
jodiertes Salz

Die Brunnenkresse verlesen und fein hacken. Die Hälfte der Butter in einem Topf zergehen lassen und die Brunnenkresse darin andünsten. Die Kartoffeln fein würfeln, dazugeben und die Fleischbrühe angießen. Etwa 15 Minuten bei mittlerer Hitze kochen. Danach mit einem Pürierstab pürieren, erhitzen und die Milch dazugießen. Die restliche Butter dazugeben und die Sahne einrühren. Mit dem grünen Pfeffer und Salz abschmecken.

Heute ist wildwachsende Brunnenkresse eher selten anzutreffen. Begradigte Bachläufe, Abwässer und andere Ursachen trugen und tragen zum Rückgang bei. Hin und wieder wird dieses schmackhafte, leicht scharf schmeckende Kraut auch auf Wochenmärkten oder in guten Feinkostläden angeboten.

Die Brunnenkresse hatte für uns Kinder noch eine weitere Bedeutung. Heimlich zweigten wir stets einige Blätter ab, ließen diese trocknen, zerrieben sie und verwendeten das entstandene Pulver als Niespulver. Übrigens mit der erwünschten Wirkung.

Zu den weiteren von uns häufig gesammelten Wildkräutern gehörten Bärlauch, Sauerampfer, und Beinwell.

Den Bärlauch findet man auch heute noch in großen Mengen in halbschattigen Laubwäldern, wo er, noch bevor die Bäume grün sind, wie ein dichter grüner Teppich den Waldboden bedeckt. Doch meist riecht man ihn bereits, bevor man ihn sieht, denn das auch als Waldknoblauch bezeichnete Gewächs riecht stark nach Knoblauch. Daher war es auch nicht jedermanns Sache, doch mir schmeckte ein Butterbrot, bestreut mit fein geschnittenen Bärlauchblättern und -knollen, ganz vorzüglich. Auch eine Suppe lässt sich hervorragend mit Bärlauch zubereiten. Ein Rezept finden Sie auf Seite 16. Übrigens wurde uns von unserer Mutter eingeschärft, beim Sammeln vorsichtig zu sein, denn die Bärlauchblätter ähneln stark den giftigen Maiglöckchenblättern. Daher sollte man beim Sammeln die Blätter immer leicht reiben und eine »Riechprobe« machen.

Die jungen Triebe des Beinwell wurden wie Spargel zubereitet. Die Blüten, im Frühsommer geerntet, wurden zu Bündeln zusammengefasst, abgebunden und zum Trocknen aufgehängt. Das so vorbereitete Kraut wurde danach grob zerkleinert und wie Tee mit kochendem Wasser überbrüht. Man ließ den Sud etwa zehn Minuten ziehen, dann wurde er als Hausmittel gegen Husten in kleinen Schlucken getrunken.

Im Frühjahr gibt es wieder frische Kräuter aus dem Freiland, sei es aus dem Garten oder aus der Natur.

Brennnessel-Hafer-Suppe

100 g junge Brennnesselblätter
750 ml Fleischbrühe, 1 Msp. gem. Anis
3 gehäufte EL Haferflocken
125 ml Milch, 1 EL Butter
4 EL süße Sahne, jodiertes Salz
1 Msp. geriebene Muskatnuss

Die Brennnesselblätter von den Stielen zupfen, waschen, ein Drittel besonders zarte Blätter beiseite legen. Die restlichen Blätter mit der Brühe und dem Anis aufkochen, etwa 20 Minuten kochen lassen, danach durch ein Sieb gießen. Die Brennnesselbrühe mit den Haferflocken binden, die Milch, die Butter und die Sahne dazugeben und weitere 20 Minuten bei geringer Hitze quellen lassen. Dann mit etwas Salz und frisch geriebener Muskatnuss würzen. Die zurückbehaltenen Brennnesseln fein hacken und in der Suppe erwärmen.

Bärlauchsuppe

200 g Bärlauchblätter samt Zwiebeln
2 Schalotten
2 EL Butter
¾ l Fleischbrühe
250 g süße Sahne
jodiertes Salz

Den Bärlauch waschen, die Blätter in Streifen schneiden, die Zwiebeln würfeln. Die Schalotten schälen, fein hacken und zusammen mit dem Bärlauch in der heißen Butter andünsten. Mit der Fleischbrühe auffüllen und bei mittlerer Hitze etwa 10 Minuten kochen. Danach mit einem Pürierstab pürieren. Die Sahne unterrühren und die Suppe mit Salz und Pfeffer abschmecken. Dazu schmeckt frisches, am besten ofenwarmes Landbrot besonders gut. Oder Sie backen dazu das Sonnenblumenbrot von Seite 65.

Zusammen mit frischen Eiern lässt sich der auch »Waldknoblauch« genannte Bärlauch zu würzigen Omeletts verarbeiten.

Für Kinder und Erwachsene eine besondere Köstlichkeit:
Pfannkuchen mit knusprigem Speck und einer Füllung aus Brennnesselblättern.

Wenn die Sonne am Himmel wieder höher stand, begannen auch die Hühner wieder mehr Eier zu legen. Hühner, die im Freiland gehalten werden, legen im Frühjahr am besten, Gänse und Enten ausschließlich im Frühjahr. Heute stammt der größte Teil der Eier von Tieren, welche ihr ganzes Leben in Ställen verbringen, die rund um die Uhr von künstlichem Licht erhellt werden, damit die Eierproduktion nicht zum Erliegen kommt. Kein Wunder, dass in Vergessenheit geraten ist, dass Eier zu den ersten frischen Lebensmitteln im Jahreslauf gehörten, die wieder in größerer Menge vorhanden waren, nachdem man im Winter auf Eingemachtes und Eingelagertes hatte zurückgreifen müssen.

Von den ersten »Frühlingseiern« unserer Hühner wurden bei uns immer Pfannkuchen zubereitet. Noch heute meine ich, den wunderbaren Duft dieser goldenen Scheiben, zu Türmen auf Tellern aufgeschichtet, zu riechen.

Bärlauchomelett

200 g Bärlauchblätter
4 EL Olivenöl
8 Eier
4 EL Crème fraîche
jodiertes Salz
schwarzer Pfeffer a. d. Mühle

Den Bärlauch waschen und in Streifen schneiden. 2 EL Olivenöl in einer Pfanne erhitzen, den Bärlauch unter ständigem Rühren darin andünsten. Die Eier in einer Schüssel mit der Crème fraîche gut verrühren. Mit Salz und Pfeffer würzen, dann den Bärlauch untermischen. Das restliche Öl in einer Pfanne erhitzen, darin 4 Omeletts von beiden Seiten goldbraun backen.
(auf dem Foto oben links)

Speckpfannkuchen mit Brennnesselspinat

Für den Teig:
250 g Mehl
jodiertes Salz
4 Eier
250 ml Milch
250 g Räucherspeck in dünnen Scheiben

Für die Füllung:
50 g gekochter Schinken am Stück
1 Zwiebel
1 Knoblauchzehe
2 EL Butter
250 g Brennnesselblätter
jodiertes Salz
schwarzer Pfeffer a. d. Mühle

Aus dem Mehl, dem Salz, den Eiern und der Milch einen dickflüssigen, glatten Teig rühren. Diesen etwa 15 Minuten quellen lassen. Den Speck in feine Streifen schneiden. Ein Viertel der Speckstreifen in einer Pfanne auslassen. Ein Viertel des Teiges darüber gießen und von beiden Seiten bei mittlerer Hitze goldgelb backen. Auf diese Weise 4 Pfannkuchen backen. Die fertigen Pfannkuchen warm stellen. Den Schinken und die Zwiebel in kleine Würfel schneiden. Die Knoblauchzehe durchpressen. Die Butter in einem Topf erhitzen, den Knoblauch, die Zwiebel- und Schinkenwürfel darin kurz andünsten. Die Brennnesselblätter dazugeben und etwa 5 Minuten dünsten. Danach mit Salz und Pfeffer würzen. Das Gemüse auf die Pfannkuchen verteilen und heiß servieren.
(auf dem Foto unten links)

Frischer Fisch zählt zu den gesündesten und schmackhaftesten Nahrungsmitteln. Die Forelle schmeckt als leichtes Frühlingsgericht – nicht nur zur Fastenzeit.

Die Fastenzeit wurde zu Hause nicht sonderlich streng, eher unmerklich gehandhabt. Mit Ausnahme der Karwoche: In dieser Woche gab es grundsätzlich kein Fleisch. Dafür holten wir aus dem kleinen Fischladen im Ort Forellen, die entweder gekocht oder gebraten serviert wurden. Als typisches Gebäck wurde ein einfaches Fladenbrot gebacken. Und da in absehbarer Zeit Ostern als erstes großes Fest des Jahres vor der Tür stand, wurde die Einschränkung der Kost, sofern wir es überhaupt als solche empfanden, ohne Murren hingenommen.

Eine raffinierte Variante der heute wieder sehr beliebten Brotsorte ist dieses Fladenbrot mit Käse.

Forelle nach Müllerinart

4 ausgenommene Forellen (je etwa 200 g)
3 TL Zitronensaft
jodiertes Salz
8 EL Mehl
80 g Butter
1 Bund Petersilie
1 unbehandelte Zitrone

Von den Forellen die Flossen und die Köpfe abschneiden. Die Fische abspülen und trockentupfen. Rundum mit Zitronensaft beträufeln und 5 Minuten ziehen lassen. Danach die Forellen salzen und in dem Mehl wenden. Die Fische einzeln in 60 g Butter auf jeder

Seite 1 Minute anbraten. Danach alle Forellen zusammen in der Pfanne von jeder Seite in 8 bis 10 Minuten goldbraun knusprig braten. Die fertigen Forellen mit Petersilienzweigen und Zitronenachteln garniert anrichten. Zur Bratbutter 20 g frische Butter in die Pfanne geben, goldbraun werden lassen, sofort über die Fische gießen und servieren. Dazu passen Petersilienkartoffeln und grüner Salat.

***Tipp:** Früher bekam man noch häufig die kleineren, aromatischen Bachforellen, die sich in sauberem, klarem und kaltem Wasser am wohlsten fühlen. Da diese besser schmecken als die gezüchteten Regenbogenforellen, sollten Sie zugreifen, wenn eine Bachforelle im Angebot ist.*

Käsefladenbrot

20 g frische Hefe
2 EL warmes Wasser
350 g Weizenmehl
200 g Tilsiter
2 verquirlte Eier
jodiertes Salz
2 EL Sonnenblumenöl
2 EL Mehl

Die Hefe in 2 EL warmem Wasser auflösen. Dann mit einem Drittel des Mehls zu einer Kugel verkneten. Diese kreuzweise einschneiden und zugedeckt an einem warmen Ort gehen lassen. Die Hälfte des Käses reiben, den Rest würfeln. Den Käse mit den Eiern mischen. Den Backofen auf 190 °C vorheizen. Das restliche Mehl, etwas Salz, 1 EL Öl und 4 EL Wasser mischen. Den Hefeteigansatz und die Käse-Ei-Mischung dazugeben und auf einer mit Mehl bestreuten Arbeitsfläche kräftig kneten, bis sich der Teig von der Arbeitsfläche löst. Aus dem Teig eine Kugel formen und in eine mit Mehl bestäubte Schüssel legen. Zugedeckt an einen warmen Ort legen und etwa 30 Minuten gehen lassen. Den Teig in eine flache, mit etwas Öl ausgestrichene Form geben und flach drücken. Die Teigoberfläche ganz dünn mit dem restlichen Öl bestreichen. Im Backofen etwa 30 bis 40 Minuten backen. Danach herausnehmen, in Stücke schneiden und heiß servieren.

Ein schöner Schmuck für die Osterzeit:
Eier, mit zarten Naturfarben gefärbt, im Moosnest.

In der Zeit vor Ostern wurde der Verzehr von Eiern nahezu gänzlich eingeschränkt. Bestenfalls Rührei gab es, wenn einige der Eier aus der täglichen Produktion »ausgepustet« wurden, um dann von uns Kindern bemalt und an einem Strauß aus Forsythienzweigen aufgehängt zu werden.

Für die Osternester wurden Eier von unserer Mutter hart gekocht und mit Naturfarben eingefärbt. Schon den ganzen Winter hindurch hatten wir dafür Zwiebelschalen gesammelt, welche den Eiern einen schönen Braunton verliehen.

Heutzutage besinnt man sich wieder auf das Färben von Eiern mit Naturfarben, so dass man mittlerweile in Drogerien, Naturkostläden und Reformhäusern natürliche Färbemittel, mit denen die unterschiedlichsten Farbnuancen erzielt werden können, kaufen kann.

Früher nicht zu jeder Jahreszeit
eine Selbstverständlichkeit: frische Eier!

Beim großen österlichen Familienessen darf ein festlicher Braten nicht fehlen.

Lammkeule im Blätterteig

Für 6 bis 8 Personen:
2 Lammnieren
3 EL Butter
150 ml Madeira
jodiertes Salz
je 1 TL getr. Thymian und Rosmarin
1 kg entbeinte Lammkeule
schwarzer Pfeffer
300 g Blätterteig
1 Eigelb

Von den Nieren die Haut abziehen. Das Fleisch in kleine Würfel schneiden. Bei starker Hitze in einer Pfanne in 1 EL Butter kurz anbraten, dabei die Fleischwürfel öfter wenden. Danach mit dem Madeira ablöschen und mit etwas Salz, dem Rosmarin und Thymian würzen. Die gewürzten Nierenwürfel in die beim Auslösen des Knochens entstandene Höhle der Lammkeule füllen. Das Fleischstück etwas zusammendrücken und die Öffnung mit Küchengarn zunähen. Die Lammkeule von außen rundum mit zerlassener Butter bepinseln und mit Salz und Pfeffer bestreuen. Den Backofen auf 200 °C vorheizen, die Keule in einen Bräter legen und in den sehr heißen Ofen schieben, damit sich alle Poren schließen. Etwa 15 Minuten anbraten lassen. Danach aus den Ofen nehmen, abkühlen lassen. Den Blätterteig flach ausrollen und die Keule damit umwickeln, dann den Teig mit dem Eigelb bepinseln und alles auf einem Backblech im Backofen bei 180 °C etwa 30 Minuten backen. Dazu passen Blumenkohl und gebutterte Kartoffelbällchen.

Die schönste Dekoration für die Ostertafel sind damals wie heute gelbe Osterglocken.

> **»Nun will der Lenz uns grüßen,
> von Mittag weht es lau.
> Aus allen Ecken sprießen
> die Blümlein rot und blau.«**

Und dann war es so weit, das Osterfest war da. Morgens wurden wir Kinder geweckt, jeder erhielt ein besonders schönes Ei als Ostergabe und dann wurde gefrühstückt. Danach marschierte die ganze Familie zur Kirche. Wenn das Festtagsgeläut ausgeklungen und der Gottesdienst beendet war, drängten wir Kinder nach Hause. Denn erst im Anschluss an diese alljährliche Tradition durften wir die versteckten Eier suchen.

Ostern war gleichzeitig ein Familienfest, zu dem Freunde und Bekannte in manchmal recht stattlicher Zahl eingeladen wurden. Gemeinsam wurde im Esszimmer der große Tisch mit dem guten Porzellan eingedeckt. Wir Kinder hatten unseren kleinen runden »Katzentisch«. Die Tafel wurde mit frischem Birkengrün, kleinen Weidekätzchenzweigen und Osterglocken dekoriert. Bereits Tage zuvor herrschte in der Küche lebhaftes Treiben. Torten und gewaltige Mengen Brot wurden gebacken, Blechkuchen vorbereitet, die schönsten Kartoffeln aus der großen Kiste im Keller herausgesucht.

Außerdem gab es einen Braten, und zwar meist Lammbraten. Je nachdem, wie viele Gäste erwartet wurden, kamen eine oder auch zwei Keulen auf den Tisch. Mal wurden diese mit einer Kruste aus fein gehackten Brennnesseln versehen, mal mit kleinen Zwiebelchen geschmort oder in einem Mantel aus Blätterteig, natürlich selber hergestellt, in der Bratröhre des großen Ofens gebacken.

Ein Sonntagsspaziergang im Frühjahr bietet ein farbenprächtiges Schauspiel.

Sonntag war für alle im Haus stets ein Feiertag, der ausschließlich der Familie gewidmet war. Nach dem Essen fieberten wir Kinder dem Kinderfunk im Radio entgegen. Eine ganze Stunde lang wurden Geschichten erzählt und aus aller Welt speziell für Kinder berichtet. Fernsehen kannten wir nicht und so sahen wir gebannt auf das grün leuchtende »magische« Auge des Radios.

Am Nachmittag begab sich Mutter in die Küche, um das sonntägliche Kaffeetrinken vorzubereiten. Die Bohnen wurden beim Lebensmittelhändler in kleinen Tüten zu 125 g eingekauft und dann in der Küche in einer Kaffeemühle fein gemahlen. Das knirschende Geräusch dieser Mühle klingt noch heute in meinen Ohren. Nach dem Mahlen wurde der Kaffee aus der kleinen Schublade in eine große Kanne gegeben, etwas zerbröselt und zuvor abgespülte Eierschalen und eine Messerspitze Kakaopulver hinzugefügt. Danach wurde kochendes Wasser darüber gegossen. Nach diesem rituellen Vorgang musste der Kaffee noch einige Minuten ziehen. In dieser Zeit setzte sich der Kaffeesatz unten in der Kanne ab, so dass dann in die Tassen eingeschenkt werden konnte.

Zum Kaffeetrinken gab es sonntags häufig selbst gemachte Waffeln. Ich kann mich noch daran erinnern, dass wir ein großes und schweres gusseisernes Waffeleisen hatten, das auf dem Herdfeuer erhitzt wurde. Irgendwann wurde dann ein elektrisches Eisen angeschafft, mit dem die erforderlichen Waffelberge viel schneller hergestellt werden konnten. Zu den Waffeln gab es Puderzucker, Marmelade oder Kompott oder auch frisches Obst.

Sonntagswaffeln mit Kompott

250 g Butter
300 g Mehl
1 TL Backpulver
6 Eier
125 g süße Sahne
½ TL jodiertes Salz
100 g Zucker
etwas Fett für das Waffeleisen

Die Butter in einem Topf zerlassen und etwas abkühlen lassen. Das Mehl mit dem Backpulver mischen und in eine Rührschüssel geben. Die Eier, die Sahne, 125 ml Wasser, das Salz, den Zucker und die Butter unterrühren. Den Teig 1 Stunde kühl gestellt ruhen lassen. Das Waffeleisen aufheizen und nach Gebrauchsanweisung fetten. Etwa 2 EL Teig auf das Waffeleisen gießen und schnell verstreichen. Das Eisen schließen und die Waffel goldgelb backen, bis sie sich vom Waffeleisen löst. Die fertigen Waffeln etwas abkühlen lassen, damit sie nicht weich werden. Dann mit Kompott nach Wahl (z. B. mit dem Pflaumen-Renekloden- oder dem Apfel-Rosinen-Kompott) belegen und noch warm servieren.

Das zartlilafarbene Wiesenschaumkraut findet man im Frühjahr vor allem auf feuchten Wiesen.

Ein Teil der Eierfülle wurde bei uns als Sol- oder Würzeier in Salzlake eingelegt. Heute sind Soleier etwas aus der Mode gekommen, trotzdem lohnt es sich, das Rezept einmal auszuprobieren. Soleier müssen mindestens eine Nacht durchziehen, am besten schmecken sie aber nach 36 Stunden. Im Gegensatz zu Soleiern sind Würzeier erst nach einer Lagerzeit von 4 Wochen verzehrfertig. Die Eier können beispielsweise bei einer Party gereicht werden, wobei sich jeder seine Lieblingsfüllung selbst mischen kann. Und so werden sie traditionellerweise verzehrt: Eier halbieren und das Eigelb herauslösen. Dann nach Geschmack Essig, Öl, Salz, Pfeffer, Senf sowie Tomatenmark, Ketschup, Mayonnaise oder Sojasauce mischen, in die Höhlung geben, die Eigelbhälfte umgekehrt darauf setzen und alles in den Mund schieben. Auch eine Füllung mit Räucher- oder Thunfisch sowie Sardellenfilets schmeckt hervorragend. Alternativ kann man pikant gewürzten Brennnesselspinat servieren.

Marinierte Eier

18 Eier
1 EL jodiertes Salz
1 l Weißweinessig
1 EL weiße Pfefferkörner
1 EL gehackter Ingwer
1 TL Pimentkörner
1 großes Lorbeerblatt

Die Eier in leicht gesalzenem Wasser hart kochen, kalt abschrecken und pellen. Danach in ein hohes Glas mit breiter Öffnung legen. Den Essig erhitzen, die Pfefferkörner grob zerstoßen und mit dem gehackten Ingwer, den Pimentkörnern, dem grob zerbröselten Lorbeerblatt und dem Salz dazugeben. Alles etwa 10 Minuten köcheln lassen. Danach den Sud erkalten lassen, dann durch ein Sieb über die Eier gießen. Die Eier müssen vollständig mit dem Sud bedeckt sein. Das Glas fest verschließen und etwa 4 Wochen kühl und dunkel gestellt stehen lassen. Danach sind die Eier fertig zum Verzehr.

Gelbe Soleier

2 große Zwiebeln
Schale von 3 Zwiebeln
125 g jodiertes Salz
18 weiße Eier
750 g jodiertes Salz

Die Zwiebeln mit der Schale grob zerteilen und mit der zusätzlichen Zwiebelschale und dem Salz in etwa 2 l Wasser aufkochen. Etwa 10 Minuten köcheln lassen, dann das Wasser aufkochen und die Eier darin hart kochen. Die Eier aus dem Kochsud nehmen, kalt abschrecken und die Schale ringsherum leicht anschlagen, so dass sie bricht, aber nicht abfällt. Die Eier in ein etwa 2 l fassendes hohes Glas mit breiter Öffnung legen. 1½ l Wasser erhitzen, wenn es sprudelt, 750 g Salz einstreuen und auflösen lassen. Die Sole erkalten lassen, dann über die Eier im Glas gießen. Das Glas fest verschließen und die Eier mindestens 24 Stunden in der Sole ziehen lassen. Danach sind die Eier verzehrfertig.

*Wenn es den ersten Spargel gibt, stehen auch die Obstbäume in voller Blüte.
Und sowohl das Gemüse als auch den Anblick der blühenden Bäume kann man nur kurze Zeit genießen.*

Spargel kam in meiner Kindheit nur selten auf den Tisch. Trotzdem soll hier auf ein Rezept nicht verzichtet werden, da Spargel eines der letzten wirklichen Saisongemüse ist. Die Erntezeit endet traditionellerweise am Johannistag (24. Juni) – »Kirschen rot, Spargel tot«, wie es in einer alten Bauernregel heißt.

Wenn die Spargelzeit näher rückte, war meist auch der erste Schinken reif zum Anschnitt. Im Herbst wurde geschlachtet, danach wurden die Keulen mehrere Wochen in Salzlake gepökelt und zum Schlachter zum Räuchern gebracht. Sie brauchten etwas Zeit, bis sie vollständig ausgereift und genussfertig waren. Damals kannte man die heute leider üblichen Schnellverfahren noch nicht.

Zum Spargel gab es auch die ersten jungen Kartoffeln des Jahres. Diese wurden nach dem Kochen in Speckwürfeln angeröstet und schmecken heute wie damals einfach köstlich. Vater aß seinen Spargel am liebsten »pur«, wie er sagte. Das bedeutete, dass der gekochte Spargel nur mit etwas frischer Butter überzogen wurde.

Öfter kam bei uns aber wie Spargel zubereiteter Beinwell auf den Tisch. Dazu wurden Mettwurstscheiben und Pellkartoffeln gereicht. Die Mettwurst wurde vor dem Servieren in dünne Scheiben geschnitten und in einer Pfanne leicht angebraten, das ausgetretene Bratfett dann über die Beinwelltriebe gegossen.

Ein Saisongemüse, das sich echte Feinschmecker nicht entgehen lassen sollten, ist der Spargel. Besonders herzhaft dazu schmecken Speckkartoffeln.

Spargel mit Speckkartoffeln

1 kg weißer Spargel
jodiertes Salz
4 EL italienischer Kräuteressig
weißer Pfeffer
9 EL Sonnenblumenöl
2 EL gehackter Kerbel
24 kleine neue Kartoffeln (600 g)
1 TL Kümmelsamen
20 g Butter
200 g durchwachsener Speck

Den Spargel waschen, putzen und schälen. In leicht gesalzenem Wasser bissfest dünsten, danach mit kaltem Wasser abschrecken, abtropfen lassen und in eine Schüssel legen. Den Essig mit etwas Salz und Pfeffer verrühren, 8 EL Öl unter den Essig schlagen. Den Kerbel hinzufügen. Die Marinade über den Spargel gießen. Die Kartoffeln mit dem Kümmel in Salzwasser gar kochen, danach pellen. Die Butter in einer Pfanne erhitzen und die Kartöffelchen darin unter Wenden goldbraun braten. Den Speck in Würfel schneiden, in 1 EL Öl knusprig ausbraten und auf Küchenpapier abtropfen lassen. Die Spargelstangen auf Tellern anrichten, dann etwas Marinade darüber träufeln. Mit den Kartoffeln umlegen. Die Speckwürfel darauf streuen.

Mit frisch geerntetem Waldmeister lässt sich ohne viel Aufwand ein wohl schmeckender Wein herstellen. Diesen Genuss bietet nur der Mai!

Waldmeister-Maiwein

1,4 l Moselriesling (2 Flaschen)
100 g Zucker
3 Bund Waldmeister

Den ungekühlten Wein in einem Bowlengefäß oder in einer Schüssel mit dem Zucker mischen. Die Waldmeisterbündel kopfüber in den Wein hängen und 30 Minuten ziehen lassen. Danach durch einen Kaffeefilter gießen und in Flaschen abfüllen, diese fest verschließen. Der Maiwein schmeckt frisch und gilt als kräftigend. Den Wein gut gekühlt servieren. Ganz besonders hübsch sieht es aus, wenn man einige Waldmeisterblüten und -blättchen in die Gläser gibt.

Kiefernnadelbitter

150 g junge Kiefernspitzen
700 ml Korn, Obstler oder reiner Alkohol
2 EL Zucker

Die Kiefernspitzen in eine große, weithalsige Flasche legen und mit so viel Alkohol übergießen, dass sie gut bedeckt sind. Etwa eine Woche ziehen lassen, bis die Flüssigkeit hellgelb ist. Dann durch ein Mulltuch gießen, den Zucker in dem Saft unter Rühren auflösen und diesen in Flaschen abfüllen. Die Flaschen gut verschließen. Die Essenz kann gleich nach der Zubereitung auch als Aperitif getrunken werden, gewinnt aber durch längere Lagerung.

Auch aus den zart duftenden Veilchen lässt sich ganz einfach ein köstliches Getränk herstellen: der Veilchenlikör.

Je nach Witterung wurde im April oder Mai Waldmeister im nahen Wäldchen gesammelt. Feste Regel beim Sammeln: Das Kraut durfte noch keine Blüten zeigen. Außerdem hieß es, möglichst junge, also hellgrüne Triebe abzuschneiden. Diese frische Ernte wurde zu Hause kalt gewaschen und zu kleinen Bündeln zusammengefasst. Einige Stunden musste das Kraut anwelken, bevor die Bündel dann in den Wein gehängt wurden. Das geht am einfachsten, wenn man den Wein in ein Bowlengefäß oder in eine Schüssel gibt.

Wenn der Maiwein dann von den Eltern und Gästen probiert wurde, erzählte Vater die Geschichte eines Benediktinermönches, der bereits vor mehr als 1000 Jahren diese Art der Aromatisierung des Weins lobend erwähnt hatte.

Wenn ein Feiertag anstand oder besonders liebe Gäste im Hause weilten, griff Mutter zu dem Schlüssel der Vorratskammer, eilte die Treppen hinunter und holte ein Fläschchen des von ihr zubereiteten Veilchenlikörs, einer wirklichen Kostbarkeit, herauf.

Veilchenlikör

75 g Veilchen-Blütenblätter
350 ml Wodka
375 g Zucker

Die Veilchenblätter sorgfältig verlesen, wenn nötig, abspülen und trockentupfen, dann in eine Flasche geben und den Alkohol dazugießen. Die Flasche verschließen und etwa zwei Wochen dunkel gestellt ziehen lassen. Den Zucker mit ½ l Wasser zu Sirup kochen, die Lösung erkalten lassen, dann zu dem Veilchenansatz gießen. Die Mischung durch ein Leinentuch seihen, in Flaschen füllen und vor dem Genuss einige Wochen ruhen lassen.

Für die Vorbereitung des Veilchenlikörs, die Mutter stets auf das genaueste überwachte, mussten wir Kinder ausziehen und wahre Berge an Veilchenblüten am Wald- und Wiesensaum pflücken. Aus Gründen des Naturschutzes sollte man das heute natürlich nicht mehr tun – man findet Veilchen auch kaum mehr in größeren Mengen. Wer das Rezept ausprobieren möchte, muss dafür auf im eigenen Garten angepflanzte Blumen zurückgreifen.

Zum Sammelritual gehörte auch, dass wir stets ein Sträußchen für die Vase pflückten. Mutter mochte Veilchen besonders gern. Einige der Blüten mit Stengeln wurden später, kurz vor dem Verblühen, zwischen Löschpapier gelegt und in einem schweren Buch getrocknet und gepresst. Diese so vorbereiteten Blüten zierten dann später die Etiketten der kleinen Flaschen, in denen der Likör, dunkel gestellt, aufbewahrt wurde. Trinken durften wir Kinder nicht, aber Schnuppern war erlaubt. Und tatsächlich, der zarte Duft der Blüten hatte sich auf den Likör übertragen und die zartlila Farbe ebenfalls.

Wenn die Kiefern ihre zarthellgrünen Spitzen austrieben, wurden alljährlich einige Hände voll gepflückt, wobei darauf geachtet wurde, dass in jedem Jahr ein anderer Baum einiger Triebe entledigt wurde. Diese Triebe wurden dann später zu dem etwas herben Kiefernnadelbitter verarbeitet. Dieser wurde nach Tisch als Digestif gereicht, aber auch bei Muskelverspannungen ganz dünn auf die Haut aufgetragen. Ein bewährtes, sehr wirkungsvolles Hausmittel.

Manchmal im Frühjahr, in manchen Jahren aber auch erst im Sommer, je nachdem, wann die Zitronen billig waren, wurde auch Zitronenschnaps hergestellt. Gut gekühlt aus dem Keller war er besonders bei den Herrenabenden meines Vaters beliebt. Heute, da ich nicht nur an den Flaschen riechen, sondern auch probieren darf, muss ich sagen, dass ich den Schnaps, obwohl eigentlich kein Schnapstrinker, aufgrund seiner feinen Säure zu schätzen weiß, insbesondere auch als Digestif nach einer schweren Mahlzeit.

Nach einem üppigen Essen besonders zu empfehlen: selbst gemachter Zitronenschnaps.

Polnischer Zitronenschnaps

2 unbehandelte Zitronen
0,5 l Wodka, 100 g Zucker

Die Zitronen waschen. Die Zitronenschalen mit einem Sparschäler ganz dünn abschälen, danach den Zitronensaft auspressen. Die Zitronenschale, den Saft, den Wodka und 1 l Wasser mischen und in einer großen, verschließbaren Flasche ansetzen. Den Zucker mit 125 ml Wasser einige Minuten kochen, etwas abkühlen lassen und zu der Wodkamischung geben. Alles kräftig durchschütteln und gut verschlossen 24 Stunden im Kühlschrank ruhen lassen. Danach die Flüssigkeit durch einen Kaffeefilter gießen und in kochendheiß ausgespülte Flaschen füllen. Gut gekühlt servieren.

Ganz ohne chemische Zusatzstoffe kommt diese Haarspülung auf der Grundlage von Brennnesseln aus. Das Haar erhält dadurch einen garantiert natürlichen Glanz.

Haarpflege auf natürlicher Basis bietet auch das hier abgebildete Birkenhaarwasser, das Sie ohne viel Aufwand selber herstellen können.

Brennnesselhaarspülung

2 EL gehackte Brennnesselblätter
1 TL Honig

Die Brennnesselblätter mit 1 l kochendem Wasser übergießen. Den Aufguss etwa 15 Minuten ziehen lassen, dann den Honig einrühren. Nach dem Erkalten durch ein Sieb gießen, die Flüssigkeit in eine Flasche füllen, diese gut verschließen.

Tipp: Die Haare nach dem Waschen mit dem Sud spülen, sie glänzen dann besonders schön. Übrigens ergeben in Weinessig gekochte Brennnesselwurzeln eine Essenz, die gegen Schuppen hilft.

Birkenhaarwasser

20 g junge Birkenblätter
90 ml Weingeist (70 %) aus der Apotheke
110 ml destilliertes Wasser

Die Birkenblätter mit dem Weingeist in eine Flasche geben und dunkel gestellt etwa eine Woche ruhen lassen. Zwischendurch öfter durchschütteln. Das destillierte Wasser dazugeben und weitere zwei Tage ruhen lassen. Danach das Haarwasser durch einen Kaffeefilter gießen und in Flaschen füllen.

Tipp: Die Wirkstoffe der Birkenblätter regulieren die Funktion der Talgdrüsen, heilen, kräftigen und fördern die Durchblutung der Kopfhaut.

Zweimal in der Woche war großer Badetag. Der Badeofen wurde angeheizt und schon bald war es im Badezimmer »bullig warm«.

Immer zu zweit wurden wir in die große gusseiserne Wanne gesteckt und von Kopf bis Fuß mit Kernseife eingeseift. Auch die Haare wurden mit Kernseife gewaschen – Shampoo kannten wir damals noch nicht. Nach der Waschprozedur wurden wir in große Badetücher eingemummelt und die Haare mit ein wenig selbst gemachtem Haarwasser – meist Birkenhaarwasser – benetzt und durchgekämmt. Danach schlüpften wir in ein frisches Nachthemd und durften noch ein wenig in unseren Zimmern herumtoben bis es hieß »Licht aus«. Erst ab einem Alter von zehn Jahren durften wir Kinder alleine baden – ein Tag, auf den wir uns schon lange freuten, bedeutete es doch, wieder ein Stück dem Erwachsensein näher gekommen zu sein.

Wenn sich ein Ausschlag oder Schorf auf der Kopfhaut befand, wurde ein Aufguss aus Blättern und Rinde der Silberweide angewandt. Dazu wurden einige Blätter und etwa 3 Teelöffel voll zerkleinerter Rinde mindestens fünf Stunden in kaltem Wasser eingeweicht. Danach wurde der Sud kurz aufgekocht, durch ein Tuch gegossen und in kleine Flaschen gefüllt. Meist wurden im Frühjahr gleich größere Mengen davon hergestellt. Gleichzeitig wurde die Rezeptur auch als Medizin gegen Verdauungsbeschwerden verabreicht. Heute wissen wir, dass die Rinde der Silberweide, auch Baum-, Gerber- oder Weißweide genannt, den Wirkstoff Salicin enthält, der ein wichtiger Inhaltsstoff von Schmerztabletten ist.

Bei den zahlreichen Hausmitteln in Mutters Apotheke durfte auch Saft von der Gartenpetersilie nicht fehlen. Die frischen Triebe des Frühjahrs, 25 g Kraut mit Stengeln grob gehackt, wurden in 100 ml kochendem Wasser etwa 3 Minuten sprudelnd gekocht und dann erkaltet in Flaschen abgefüllt. Im Sommer diente dieser Aufguss als wirksames Mittel zum Einreiben bei Insektenstichen. Frisch gepresst aufgetragen, bleicht der Saft übrigens auch Sommersprossen.

Wenn der Mai zur Neige geht, beginnt die Blütezeit der Kamille.

Einen ganz besonderen Stellenwert hatte bei uns die Kamille. In großen Mengen wurde die echte Kamille, nicht mit der Hundskamille zu verwechseln, gesammelt, und zwar von Ende Mai bis in den August hinein. Man sollte mit dem Sammeln warten, bis die Pflanze einige Tage geblüht hat, weil sie dann die höchste Konzentration an ätherischen Ölen aufweist. Kraut und Blüten wurden im Schatten getrocknet und dann luftdicht in Einmachgläsern aufbewahrt, um für Tees und als Badezusatz verwendet zu werden.

»Der Mai ist gekommen, die Bäume schlagen aus, da bleibe, wer Lust hat, mit Sorgen zu Haus.«

Der Kamillentee bewährte sich auch als Gurgelmittel bei Zahn- oder Halsschmerzen. In kleine Säckchen oder Beutel verpackt, wurde das getrocknete Kraut in einem Topf mit Wasser erwärmt und bei Kopf- oder Zahnschmerzen auf die schmerzenden Stellen aufgelegt. Auch in der heutigen Zeit hat die Kamille an medizinischer Bedeutung nichts eingebüßt.

Die Blütezeit des Lavendel, der von unserer Mutter an einem sonnigen Ort angepflanzt wurde, begann erst im Juni. Aus den getrockneten Blüten wurde Tee oder ein Badezusatz zubereitet. Für einen Badezusatz nimmt man etwa 60 g auf einen Liter Wasser, lässt die Mischung aufkochen und etwa 15 Minuten ziehen. Lavendel wirkt beruhigend und ist daher bei Stress und Nervosität zu empfehlen. Übrigens sollte man heute auf gekauften getrockneten Lavendel zurückgreifen, da dieser vom Mittelmeer importiert wird und mehr Wirkstoffe als der bei uns geerntete enthält.

Die seit langem bekannten Heilkräfte der Kamille kommen in dieser selbst hergestellten Tinktur besonders gut zur Wirkung.

Lavendeltinktur

10 g getrocknete Lavendelblüten
100 g Alkohol (70 %) aus der Apotheke

Die Lavendelblüten in eine dunkle Glasflasche mit breiter Öffnung füllen, den Alkohol darübergießen. Die Flasche etwa 10 Tage auf einer Fensterbank möglichst in der Sonne ziehen lassen. Zwischendurch häufig kräftig durchschütteln. Danach die Tinktur durch einen Kaffeefilter abgießen und in eine Flasche füllen. Wirkt als Gesichts- und Rasierwasser erfrischend, reinigend und klärend auf die Haut.

Kamillenblütentinktur

10 g getrocknete Kamillenblüten
100 ml Alkohol (70 %) aus der Apotheke

Die Kamillenblüten in eine kleine dunkle Glasflasche mit breiter Öffnung füllen und den Alkohol dazugießen. Die Flasche etwa 10 Tage auf die Fensterbank eines sonnigen Fensters stellen. Ab und zu kräftig durchschütteln. Danach die Tinktur durch einen Kaffeefilter gießen und in eine Flasche füllen. Die Tinktur kann – mit Wasser verdünnt – als aufhellende Haarspülung verwendet werden.

Ein Kirschbaum in voller Blüte gehört zu den schönsten Naturerlebnissen im Frühjahr.

Die Obstbaumblüte gehörte für mich damals – und so ist es bis heute geblieben – zu den schönsten Naturerscheinungen im Frühjahr. Wie heiter sah es aus, wenn die alten Apfel-, Zwetschgen-, Birnen-, und Kirschbäume in unserem Garten in voller Blüte standen.

Bei unseren Sonntagsausflügen wanderten wir oft an Streuobstwiesen vorbei: Das Gras war von Hahenfuß, Margeriten, Schafgarbe und Gänseblümchen weiß und gelb gesprenkelt und darüber schienen die weißen und zartrosafarbenen Kronen der Bäume leicht wie Wattetupfen zu schweben. Begannen sich dann die Blüten schon wenig später braun zu verfärben, um schließlich abzufallen und den noch winzigen grünen Früchten Platz zu machen, kündigte sich für mich unweigerlich das Ende des Frühlings und der Übergang in den Frühsommer an.

Blühende Obstbaumzweige verleihen Garten und Stube ein heiteres Aussehen.

Sommer

Sommerzeit – die Natur steht in voller Blüte, doch wird der Höhepunkt rasch überschritten. So gibt es pralle Kirschen, Pflaumen und Beeren im Überfluss und an heißen Tagen steht die Hitze über gelben Getreidefeldern und verbrennt die Erde unter den abgemähten Wiesen. In Garten und Küche gibt es viel zu tun, denn es gilt, die rasch verderblichen Früchte haltbar zu machen. Sommerzeit, das ist auch die Zeit der warmen Abende im Freien, wenn die Nächte keine Abkühlung bringen und die Grillen ohne Unterlass zirpen.

Rosen: betörend duftende Symbole des Sommers.

»Wenn Johanniswürmchen leuchten und glänzen, kommt's zu schön' Wetter und im Freien zu Tänzen; verbirgt sich das Tierchen bis Johanni und weiter, wird's Wetter einstweilen nicht warm und nicht heiter.«

Wenn die blühenden Sträucher und Obstbäume in ihrer Blütenpracht nachließen, die ersten Fruchtansätze zu erkennen waren, begann für uns Kinder die Zeit des ungeduldigen Wartens auf die ersten Früchte. Wer kann heute noch nachempfinden, wie gespannt wir tagtäglich den Garten durchstreiften, auf der Suche nach den ersten Erbsenschoten oder nach den von uns lang ersehnten, meist erst zartrosa angehauchten Erdbeeren. Nur durch energisches Eingreifen der Erwachsenen gelangten die Beeren und sonstigen Früchte überhaupt zur vollständigen Reife.

War die Erdbeerernte besonders reichlich, wurden die schönsten Früchte sorgsam verlesen, von den Stielansätzen befreit, mit bestem Weinbrand übergossen und in weithalsige Flaschen gefüllt. Dieser Erdbeer-Cognac war eine von Mutters Spezialitäten und wurde stets hoch gelobt. Insbesondere, wenn zur Herstellung die kleinen Walderdbeeren verwendet wurden. Nachdem die Beeren einige Wochen in dem Cognac auf der Fensterbank gezogen hatten, wurden sie herausgesiebt und die Flüssigkeit mehrfach gefiltert, danach in gut verschlossenen Flaschen dunkel aufbewahrt.

Jung und Alt lassen sich damals wie heute noch von Duft und Geschmack frischer Früchte verführen.

Überhaupt, Erdbeeren spielten im Sommer eine große Rolle. Nicht nur für die Erwachsenen, sondern insbesondere auch für uns Kinder. Gezuckert oder mit Schlagsahne, die wir fertig geschlagen vom Bäcker holten, gab es sie als Belohnung oder an Sonntagen als Dessert. Kein Wunder, dass nahezu jeder noch freie Platz im Garten mehr oder weniger geordnet mit Erdbeerstauden besetzt wurde.

Doch auch andere Beeren waren im Sommer im Überfluss vorhanden. Im Juli und August reiften die roten, weißen und schwarzen Johannisbeeren. Ein Teil wurde von uns Kindern direkt vom Strauch oder ein wenig später mit etwas Zucker überstreut verzehrt, doch der Großteil der Ernte wurde zu Saft, Gelee oder Marmelade verarbeitet. Besonders sind mir die weißen Johannisbeeren in Erinnerung geblieben, eine besonders köstlich und süß schmeckende Sorte, die es leider nur selten zu kaufen gibt. Nie vollständig zur Reife gelangten die Stachelbeeren im Garten. Bereits die noch grünen Früchte waren bei uns Kindern so beliebt, dass wir sie »stibitzten« und aßen, auch wenn sie noch sauer waren. Blieben tatsächlich noch Beeren an den weniger zugänglichen Stellen übrig, wurden sie eingeweckt oder zu Marmelade verarbeitet. Übrigens: Johannisbeeren und Stachelbeeren sind die Beerenfrüchte, die sich am besten zum Tiefkühlen eignen, da sie beim Auftauen nicht matschig werden.

Der Hochsommer war auch die Zeit der Heidelbeeren. Mit Spankörben ausgerüstet zogen wir dann in den Wald, in dem an lichten Stellen die Beerensträucher den Boden wie ein Teppich bedeckten. In einigen Jahren war die Ernte mehr als reichlich, jeder der kleinen Büsche trug bis zu einer großen Handvoll Früchte. Dann gab es auch andere Jahre, in denen die blauen Beeren mühsam gesucht werden mussten. Daheim wurde gleich ein Teil der Ernte verzehrt: Köstlich schmeckte ein Teller Heidelbeeren, die mit eiskalter Milch übergossen und mit ein wenig Zucker bestreut wurden.

Zu den alljährlichen Höhepunkten gehörte die Pilzzeit, die bereits im Sommer mit den ersten Wiesenchampignons und dann etwas später mit den goldgelben Pfifferlingen ihren Anfang nahm. Auf den Weiden, Mutter kannte die besten Sammelstellen ganz genau, fanden wir die Pilze im Überfluss. Die meisten Pilze wurden frisch verarbeitet, einige aber auch getrocknet und viele für die Wintermonate als Gemüse eingelegt. Dazu wurden die geputzten Pilze mit etwas Essig überträufelt, dann im eigenen Saft etwa zehn Minuten geschmort und noch heiß in Gläser gefüllt, die sofort verschlossen wurden. Die Gläser wurden dann in einem Wasserbad zugekocht.

Damit Saucen und Suppen, insbesondere auch Eintöpfe und Ragouts, im Winter noch herzhafter schmeckten, wurde aus den Abschnitten und den weniger ansehnlichen Pilzen ein Extrakt gekocht. Dazu wurden die Pilze mit einigen Esslöffeln Salz, etwas Pfeffer und einem Lorbeerblatt unter ständigem Rühren aufgekocht. Der ausgetretene Pilzsaft wurde abgeschöpft und beiseite gestellt. Danach wurde etwas Wasser zu den Pilzen gegeben und der Kochvorgang mehrfach wiederholt, bis eine ausreichende Menge Pilzbrühe vorhanden war und die Pilze ausgelaugt waren. Dieser Pilzsud wurde dann mit Salz und Pfeffer abgeschmeckt und auf dem Herd in einem offenen Topf bis auf etwa ein Drittel der Flüssigkeitsmenge eingekocht. Der Extrakt wurde danach durch ein Tuch gefiltert und in kleine Flaschen gefüllt. Dunkel aufbewahrt und gut verschlossen, reichte der Vorrat fast bis zur nächsten Pilzsaison.

Im Laufe des Sommers wurden auch die ersten Kaninchen aus dem Stall geschlachtet. Als Braten am Sonntag, aber auch als Ragout mit Pilzen, aßen wir das delikate und zarte Fleisch besonders gern. Denn Fleisch gab es bei weitem nicht so häufig wie heute. Bestenfalls am Sonntag oder wenn Besuch angesagt war, wurde ein Braten auf den Tisch gebracht.

Hin und wieder wurde auch ein Huhn oder ein junges Hähnchen geschlachtet. Es wurden nur Hühner ausgewählt, die nicht mehr so reichlich Eier legten und daher auch schon ein fortgeschritteneres Alter erreicht hatten und entsprechend zäh waren. Doch als Suppenhuhn für eine gute, kräftige Brühe eigneten sie sich allemal. Eier gehörten auch im Sommer zum festen Speiseplan – gekocht, als Spiegeleier, als Eierragout und natürlich als Bestandteil der verschiedensten Backwaren, die stets eine große Menge der Produktion verschlangen.

Ein Festessen der besonderen Art war ein Salat, der aus hart gekochten und fein gewürfelten Eiern, etwas gewürfeltem Hähnchen- oder Kaninchenfleisch und frischem Blattsalat aus dem Garten bestand. Mit etwas Essig und Öl überträufelt, manchmal auch mit Kräutern oder gehackten Radieschenblättern bestreut und mit Butterbrot gegessen, eine leckere Mahlzeit, die wenig Geld kostete. Das war wichtig, denn Geld war knapp.

Überhaupt, Salate mit frischem Gartengemüse gab es häufig. Ob Gurken-, Bohnen-, Möhren- oder Blattsalat, begeistert nahmen wir die »gesunde Kost« in Anspruch. Besonders begehrt war der frische Kopfsalat aus dem Garten. Das beste Stück, die inneren Herzblätter, bekamen wir Kinder abwechslend. Und stets warteten wir ungeduldig, bis wir erneut an der Reihe waren, diese Salatknospe, unter neidischen Blicken der anderen Geschwister, auf dem Teller zu haben.

Salat aus rohen Wiesenchampignons

300 g Wiesenchampignons
4 EL saure Sahne
1 EL Zitronensaft
1 EL gehackter Kerbel
jodiertes Salz
weißer Pfeffer
2 EL geröstete Mandelblättchen
1 Kopf Lollo rosso

Die Champignons putzen, waschen in ganz dünne Scheiben schneiden und in eine flache Schüssel geben. Den Lollo rosso in Blätter teilen, waschen und gut abtropfen lassen. Die Sahne mit dem Zitronensaft, dem Kerbel und etwas Salz und Pfeffer cremig rühren, dann über die Pilze träufeln. Den Lollo rosso auf Teller legen, die Champignons darauf anrichten. Mit den Mandelblättchen bestreut servieren.

Variation: Eine kleine Birne in Würfel schneiden und unter den Salat heben.

Süß-saures Kaninchenragout

500 g Hauskaninchen
mit Knochen (ausgenommen)
½ Bund Suppengrün
2 Pfefferkörner
2 Wacholderbeeren
jodiertes Salz
2 Zwiebeln
4 EL Butter
500 g gemischtes Trockenobst (ungeschwefelt)
1 EL Currypulver
2 EL Weizen-Vollkornmehl
50 g Rosinen
200 g süße Sahne
1 TL Heidehonig
jodiertes Salz, weißer Pfeffer a. d. Mühle
1 EL gehackte Petersilie

Das Kaninchen waschen und trockentupfen, das Suppengrün putzen, waschen und grob hacken. Das ganze Kaninchen mit dem Suppengrün, den Pfefferkörnern und den Wacholderbeeren in reichlich, leicht gesalzenem Wasser etwa 1 Stunde köcheln lassen. Danach das Fleisch von den Knochen lösen und in Würfel schneiden. Die Kochbrühe durch ein Sieb in eine Schüssel gießen. Die Zwiebeln schälen und fein hacken. Die Butter in einem Topf erhitzen, die Zwiebeln und das Trockenobst darin andünsten. Den Curry und das Mehl dazugeben und kurz anschwitzen. Dann von der Brühe nach und nach so viel einrühren, bis eine sämige Sauce entstanden ist. Die Rosinen, die Sahne und das Kaninchenfleisch dazugeben und kurz aufkochen lassen. Das Ragout mit dem Honig, etwas Salz und Pfeffer fein-würzig abschmecken und mit der gehackten Petersilie bestreut in einer Schüssel servieren. Dazu passen Pellkartoffeln.

Schlesisches Himmelreich

Für das Fleisch:
350 g mageres Schweinefleisch
jodiertes Salz
250 g gemischtes Trockenobst (ungeschwefelt)
3 EL Zucker
¼ TL Nelkenpulver
2 EL Mehl
1 EL kalte Butter

Für die Klöße:
200 g altbackene Brötchen
2 Eier
1 TL jodiertes Salz
250 g Mehl
½ Päckchen Backpulver

Das Fleisch in etwa 1 l Salzwasser in etwa 40 Minuten fast weich kochen. Das Trockenobst in lauwarmem Wasser einweichen, etwa 10 Minuten vor Ende der Garzeit zu dem Fleisch geben. Das Fleisch aus dem Kochsud nehmen und in mundgerechte Würfel schneiden, dann wieder in die Brühe geben. Die Brühe mit dem Zucker und dem Nelkenpulver abschmecken. Mit dem Mehl binden, dann die Butter einrühren. Die Brötchen in etwas kaltem Wasser einweichen. Danach gut ausdrücken, in eine Schüssel geben und zerzupfen. Mit den Eiern und dem Salz zu einer glatten Masse verkneten. Das Mehl mit dem Backpulver mischen und unterkneten. Mit einem Esslöffel Klöße von der Masse abstechen. Diese in kochendem Salzwasser einige Minuten gar ziehen lassen, bis sie an der Oberfläche schwimmen, abtropfen lassen. Das Fleisch nochmals kurz erhitzen und mit den Klößen servieren.

In Salz eingelegte Heringe schmecken zu Kartoffeln oder einfach zu einem Stück Brot.

Gebratene Würzheringe

8 küchenfertige grüne Heringe
jodiertes Salz, schwarzer Pfeffer
2 EL Mehl, 3 EL Butterschmalz
250 ml Kräuteressig, 4 Zwiebeln
1 Chilischote, 2 Lorbeerblätter
1 Msp. Wacholderbeeren, 2 Gewürznelken
1 EL Senfkörner, 1 EL Zucker

Die Heringe innen und außen mit Salz und Pfeffer einreiben, dann in dem Mehl wenden. Das Butterschmalz in einer Pfanne erhitzen und die Heringe darin je Seite in 4–5 Minuten goldbraun braten. Die Heringe aus der Pfanne nehmen und abtropfen lassen, dann in eine Schüssel legen. Aus dem Essig, 250 ml Wasser, den in Scheiben geschnittenen Zwiebeln und den Gewürzen einen Sud kochen. Diesen abkühlen lassen. Danach über die Heringe gießen. Die Heringe in der Schüssel 2–3 Tage kühl gestellt durchziehen lassen. Mit Bratkartoffeln und frischem Salat servieren.

Bratheringsklopse

3 Scheiben Weißbrot
6 eingelegte Bratheringe
2 Eier, 1 Knoblauchzehe
2 EL Kapern
1 EL Grieß
5 EL Paniermehl
3 EL Butterschmalz zum Braten

Das Weißbrot entrinden und in etwas Wasser einweichen, gut ausdrücken. Die Heringe entgräten, gut trockentupfen, in Stücke schneiden und in einem Mixer zerkleinern. Das Heringspüree mit den Eiern und dem Weißbrot verkneten. Die Knoblauchzehe schälen, zusammen mit den Kapern fein hacken und mit dem Grieß unter die Heringsmasse rühren. Aus dem Fischteig Klopse von etwa 5 cm Durchmesser formen, in Paniermehl wenden. Das Butterschmalz in einer großen Pfanne erhitzen, die Klopse darin unter Wenden braten, bis sie goldbraun sind.

Wer das besondere liebt, sollte diese sauren Bratheringe einmal probieren.

Saure Bratheringe

½ Bund Petersilie, Dill und Salbei
2 Knoblauchzehen
4 küchenfertige grüne Heringe, 4 Nelken
1 EL Mehl, 3 EL Butter, 1 Zwiebel, 1 Möhre,
1 TL Zitronensaft, 125 ml Weißweinessig,
4 EL Zucker, ½ TL weißer Pfeffer
jodiertes Salz, 1 EL mittelscharfer Senf
1 EL Senfkörner, Lorbeerblatt

Die Kräuter fein hacken. Die Knoblauchzehen pellen und halbieren. Die Heringe mit den Kräutern, den Knoblauchzehen und den Nelken füllen. Mit etwas Mehl bestäuben. Die Butter in einer Pfanne erhitzen und die Heringe von jeder Seite etwa 5 Minuten braun braten, dann in eine Schüssel legen. Die Zwiebel und die Möhre in dünne Scheiben schneiden, diese über die Heringe streuen. Aus dem Zitronensaft, dem Essig, dem Zucker, Pfeffer, Salz, dem Senf, den Senfkörnern und dem zerbröselten Lorbeerblatt in einer Schüssel eine Marinade rühren und über die Heringe gießen. Die Heringe vor dem Verzehr etwa 12 Stunden durchziehen lassen. Zu Petersilien- oder Bratkartoffeln servieren.

Salzheringe in Speckstippe

2 Zwiebeln
125 ml Weißweinessig
1 TL gemahlene Wacholderbeeren
½ TL Senfkörner
5 Pimentkörner
4 Salzheringe
200 g durchwachsener Räucherspeck
2 El Butter

Die Zwiebeln in Ringe schneiden. 250 ml Wasser erhitzen. Die Zwiebelringe, den Essig und alle Gewürze hineingeben. Kurz aufkochen, dann abkühlen lassen. Die küchenfertigen Heringe mit den Zwiebelringen in eine Schüssel legen. Die erkaltete Marinade darüber gießen und etwa 24 Stunden ziehen lassen. Den Speck in kleine Würfel schneiden, in einer Pfanne mit der Butter auslassen. Die Heringe mit dem Speck und dem Bratenfett übergossen servieren.

Ob Blüten, Blätter oder Wurzeln
– vom Löwenzahn lassen sich fast alle Teile verwerten.

Wildkräuter waren früher ein ebenso selbstverständlicher Bestandteil der wöchentlichen Speisenfolge wie im Garten gezogenes Gemüse. Die Natur, Feld, Wald und Wiesen, bildeten eine nahezu unerschöpfliche Vorratskammer.

Die Kenntnis darüber, welche Wildkräuter wofür und zu welcher Jahreszeit am besten verwendet werden konnten, wurde damals noch von der Mutter der Tochter überliefert. Nahezu jede Hausfrau hatte ihre speziellen Rezepte. Dadurch wurde der Speiseplan abwechslungsreicher und teilweise auch wesentlich gesünder gestaltet, als es heute der Fall ist. Zumal in früheren Jahren die Kräuter noch ohne Bedenken geerntet werden konnten.

Und so wurde häufig das Praktische mit dem Nützlichen verbunden. Aus dem Rasen musste in jedem Jahr der Löwenzahn, der sich durch die beliebten Pusteblumen ausbreitete, ausgestochen werden. Die so »geernteten« Büschel wurden verlesen und daraus Salat oder Gemüse zubereitet. Und wenn der eigene Vorrat nicht ausreichte, zogen wir aus und sammelten die zarten Blätter am Wegesrand. Die Abfälle dieser Sammeltouren wurden an die Kaninchen oder Hühner verfüttert – so verkam nichts.

An dem Maschendrahtzaun, der unser Grundstück eingrenzte, wurde in jedem Jahr Kapuzinerkresse gesät, die sich rasch an dem Zaungeflecht hochrankte. Ein schönes buntes Bild. Zugleich aber auch praktisch, denn viele der Blüten wurden auch unter einfache sommerliche Salate gemischt und verliehen diesen appetitlich aussehende Farbtupfer.

Auch die goldgelben Blütenblätter des Löwenzahns fanden Eingang in Salate. Sorgfältig von den Blütenstempeln abgezupft, wurden die Blütenblätter unter die Salate gemischt, dadurch wurden diese farbenprächtiger, was uns Kindern ganz besonders gut gefiel.

Löwenzahnschnaps

Für 1 Flasche (à ca. 700 ml)
70 g Löwenzahnblütenblätter
700 ml Wodka

Alles Grün sorgfältig von den Blütenblättern entfernen. Die Blütenblätter in eine Flasche geben und so viel Wodka dazugeben, dass die Blüten gut bedeckt sind. Die Flasche verschließen und das Ganze ca. 1 Woche durchziehen lassen. Anschließend durch Filterpapier gießen. Die Essenz mit dem übrigen Wodka verdünnen und in eine verschließbare Flasche füllen.

Aus den Blüten des Löwenzahns, Tannentrieben und Zitronenhälften lässt sich ein wunderbarer süßer Brotaufstrich zubereiten.

Löwenzahnhonig

2 unbehandelte Zitronen
300 g Löwenzahnblätter
50 g junge Tannentriebe
2½ kg Zucker

Die Zitronen halbieren. Die Löwenzahnblüten mit den Tannentrieben und den Zitronenhälften in 2½ l Wasser etwa 20 Minuten kochen, dann durch ein Mulltuch abgießen, den Kochsud auffangen. Den Brei aus dem Tuch mit dem Zucker weitere 1 bis 1½ Stunden bei geringer Hitze unter Rühren kochen. Falls erforderlich, ab und zu etwas Kochsud dazugeben. Es muss eine dickflüssige Masse entstehen. Den fertigen Honig noch heiß in Gläser füllen und diese gut verschließen.

Variation: *Lecker schmeckt auch eine Kombination aus Brennnesselspinat und Löwenzahnblütenknospen. Dazu die jungen Nesselblätter verlesen und kurz dünsten, dann zu den Blütenknospen geben und zusammen gar dünsten.*

Der Sommer ist die Hauptsaison fürs Einkochen.

Stachelbeergelee

Für 10 Gläser (à ca. 225 ml)
2 kg grüne Stachelbeeren
1 Vanilleschote
1½ kg Zucker
1 kleine Flasche Geliermittel

Die Stachelbeeren waschen, putzen und in einem Dampfentsafter zu Saft kochen. 1½ l Saft abmessen und in einen Topf geben. Die Vanilleschote längs aufschlitzen, Stückchen schneiden und zusammen mit dem Zucker hinzufügen. Den Saft unter ständigem Rühren aufkochen. Das Geliermittel einrühren und nochmals kurz aufwallen lassen, die Vanilleschote herausnehmen. Das Gelee heiß in ganz saubere Gläser füllen und diese sofort verschließen.

Rhabarbergelee

Für 4 Gläser (à ca. 500 ml)
2 kg Rhabarber
1 kg grüne Äpfel
Saft von 2 Zitronen
Gelierzucker je nach Saftmenge

Den Rhabarber und die Äpfel waschen. Die ungeschälten Äpfel in Achtel schneiden und das Kerngehäuse entfernen. Den Rhabarber in Stücke schneiden, beide Obstsorten in einen großen Kochtopf geben. Knapp mit Wasser bedecken und den Zitronensaft dazugeben. Das Obst bei mittlerer Hitze in etwa 20 Minuten weich kochen. Danach das Obst und den Saft auf ein feuchtes Mulltuch gießen, den Saft auffangen. Die Saftmenge abwiegen und mit derselben Menge Zucker einkochen, bis die Masse geliert. Dann das Gelee kochend heiß in ganz saubere Gläser füllen und sofort verschließen. Die Gläser kühl aufbewahren.

Süß-saures Kirschkompott

Für 3 Gläser (à ca. 500 ml)
1½ kg helle Knorpelkirschen
300 g Zucker
125 ml Weinessig
1 Gewürznelke
½ Zimtstange

Die Kirschen waschen, entstielen und entsteinen, dabei den Saft auffangen. Den Zucker mit dem Essig, 125 ml Kirschsaft (evtl. mit Wasser aufgefüllt), der Nelke und der Zimtstange aufkochen. Die Kirschen dazugeben und nochmals aufkochen lassen. Die Kirschen mit einer Schaumkelle abschöpfen und in saubere Einmachgläser füllen. Die Flüssigkeit durch ein Sieb darüber gießen. Die Gläser verschließen und im Einkochtopf bei 80 °C etwa 25 Minuten einkochen.

***Tipp:** Durch ein Gläschen Gin, das dem Kompott unmittelbar vor dem Einfüllen beigemischt wird, erhält das Kompott eine zusätzliche fein-würzige Note.*

Himbeerkonfitüre mit Schuss

Für 6 Gläser (à ca. 225 ml)
1 kg Himbeeren
1 kg Gelierzucker
125 ml Himbeergeist

Die Himbeeren verlesen, waschen und abtropfen lassen. Mit dem Gelierzucker mischen und 24 Stunden zugedeckt stehen lassen. Dann in einem Topf aufkochen und 4 Minuten sprudelnd kochen lassen. Vom Herd nehmen, den Himbeergeist unterrühren und die Konfitüre in ganz saubere Gläser füllen. Diese sofort verschließen.

Erdbeerkonfitüre mit Schuss

Für ca. 9 Gläser (à 225 ml)
1 kg Erdbeeren
1 kg Gelierzucker
2 EL abgeriebene Schale von unbehandelten Zitronen
4 cl Orangenlikör

Die Erdbeeren waschen, entstielen, abtropfen lassen und in Stücke schneiden. Mit dem Gelierzucker und der Zitronenschale verrühren. Unter Rühren in einem großen Topf etwa 4 Minuten sprudelnd kochen. Den Orangenlikör unterrühren, die Konfitüre sofort in ganz saubere Gläser füllen und diese sofort verschließen.

Rosenmarmelade

Für 3 Gläser (à ca. 100 ml)
250 g rote Rosenblütenblätter
1 kg Puderzucker

Die Rosenblütenblätter verlesen, nur unbeschädigte Blätter verwenden, dann waschen und gut trockentupfen. Die Blätter mit dem Puderzucker auf einem Backbrett mischen. Mit einem Nudelholz so lange darüber rollen, bis aus den Rosenblättern und dem Zucker eine zähflüssige Masse geworden ist. In sorgfältig mit kochendem Wasser ausgespülte kleine Gläser füllen und sofort luftdicht verschließen.

Variation: *Gelbe oder weiße Rosenblütenblätter verwenden.*

Was gibt es im Sommer Schöneres als reife Kirschen direkt vom Baum?

Die frühen Süßkirschen waren besonders begehrt, weil sie lange vor den Schattenmorellen reif waren. Der alte knorrige Baum im Garten bot sich förmlich für Kletterpartien an. Bis in die höchsten Äste kletterten wir, um an die begehrten Früchte zu gelangen. Wurden wir dabei erwischt, gab es »Schimpfe«, manchmal auch andere Strafen. Denn auch wenn Kinder kein Gespür für Gefahren haben, so ganz ohne waren die Klettereien sicher nicht. Doch das alles hielt uns nicht davon ab, in unbeobachteten Momenten in den Baum zu steigen und die köstlichen Früchte so schnell es ging zu verputzen.

Jedes Jahr trug der Baum reiche Ernte. Das, was nicht frisch verzehrt wurde, weckte Mutter ein. Diese hellen Kirschen, die im Glas etwas von ihrer Farbe verloren, waren sogar als Belag für Obstkuchen das ganze Jahr über willkommen, weil sie ihren feinen Geschmack behielten.

Die säuerlichen Schattenmorellen, die später reiften, wurden in großen Mengen frisch vom Baum genascht. Dennoch blieben genug übrig, um uns als kandierte Früchte oder als Kompott und Marmelade die langen Wintermonate zu versüßen.

Sogar Saft wurde aus den Kirschen gewonnen. Dazu wurden Süß- und Sauerkirschen zusammen in den Entsafter gegeben, damit der Geschmack intensiver wurde. Die besten Früchte waren es nicht, die so Verwendung fanden. In Flaschen gefüllt und dunkel aufbewahrt, blieb der Saft monatelang frisch. Manchmal wurde er zu Puddings oder Grießspeisen gereicht oder mit Wasser verdünnt natürlich auch getrunken. So wie die Erdbeeren Boten des Frühsommers waren, galten uns die Kirschen als Inbegriff des Hochsommers mit seinen vielen kulinarischen Genüssen.

Ist es nur die glorifizierende Erinnerung oder hatten auch die Kirschen meiner Kindheit, ebenso wie anderes Obst, mehr Aroma? Mir scheint, als ob die vielen neuen Züchtungen zwar größere Früchte, aber eben solche mit weniger Geschmack hervorbringen. Mit den appetitlich duftenden und intensiv schmeckenden Kirschen meiner Kindertage haben die heutigen Früchte nur wenig gemein. Ein guter Grund, den Versuch zu unternehmen, wieder einige der alten Baumsorten zu »ergattern« und anzupflanzen.

In jedem Jahr wurde auch mindestens ein Glas »besonderer Kirschen« eingeweckt. Diese durften wir Kinder selbst aus den Körben aussuchen. Wichtig dabei war, dass die Stiele noch an den Kirschen waren. Die Kirschen wurden mit den Stielen eingeweckt. In der Adventszeit wurde das Glas geöffnet, die Kirschen heraus-

Frische Kirschen lassen sich zu vielerlei Köstlichkeiten verarbeiten: Die kandierten Kirschen sind für Liebhaber von Süßem eine unwiderstehliche Versuchung.

genommen. Man ließ sie gut abgetropfen und tauchte sie dann in heiße, geschmolzene Blockschokolade. Abgekühlt und mit ein wenig Puderzucker bestäubt, waren diese Früchte wirklich etwas ganz Besonderes. Eine Extraportion – ausschließlich für die Erwachsenen bestimmt – wurde nach dem Abtropfen noch einige Stunden in Branntwein eingelegt, bevor sie den Überzug erhielt. Nur hin und wieder, weil mit viel Arbeit verbunden, wurden entsteinte, eingeweckte Kirschen aus dem Glas auch gefüllt. Zuerst mussten die Früchte gut abtropfen, dann wurden sie mit Hilfe einer Kuchenspritztülle einzeln mit Marmelade gefüllt. Eine tolle Nascherei, insbesondere, wenn die Kirschen danach mit Schokolade überzogen wurden.

Kandierte Kirschen

1 kg süße oder saure Kirschen
1 kg Zucker, 200 ml Apfelsaft

Die Kirschen waschen, vorsichtig entsteinen und wiegen. Die Kirschen abwechselnd mit dem Zucker in eine große Schüssel schichten und 12 Stunden ziehen lassen. Danach den ausgetretenen Saft mit dem Zucker in einem Topf unter Rühren und Abschäumen zu einem dünnflüssigen Sirup kochen. Den kochend heißen Sirup über die Kirschen gießen und diese nochmals 24 Stunden ruhen lassen. Danach den Sirup erneut von den Kirschen abgießen und mit dem Apfelsaft etwa um ein Viertel einkochen, dann kochend heiß über die Kirschen gießen. Zwei Tage ruhen lassen. Diesen Vorgang noch zwei- bis dreimal (ohne Apfelsaft dazuzugeben) wiederholen. Danach die erkalteten Kirschen in Gläser füllen und diese luftdicht verschließen.

Tomaten lassen sich in vielfältiger Form zubereiten.

Weit weniger als die leckeren Früchte interessierte uns das Gemüse im Garten, von den jungen Erbsenschoten und kleinen Möhren einmal abgesehen. Aber schön sah es schon aus, wenn die bunt gefüllten Gläser sich im Keller in langen Reihen im Regal präsentierten. Es gab kaum ein Gartengemüse, das nicht in der einen oder anderen Form in Gläsern verschwand. Bohnen, Erbsen, Blumenkohl, Möhren, Schwarzwurzeln, Tomaten, Gurken, Weiß- und Rotkohl, sogar Radieschen und Rosenkohl wurden erntefrisch eingeweckt.

Das, was nicht im eigenen Garten wuchs oder aus Platzgründen nicht angepflanzt werden konnte, wurde eingetauscht. Nach welchem System, weiß ich nicht, nur, dass es gut klappte. Und so hatten im Winter die Nachbarn Gemüse aus unserem Garten und wir welches, das sie aufgezogen hatten – zum Vorteil aller Beteiligten.

Dadurch war stets zum Ende des Sommers der Vorratskeller mit eingemachtem Obst und Gemüse aller Art gut gefüllt, in Vorbereitung auf die langen Wintermonate, in denen Frisches gar nicht oder nur für viel Geld zu bekommen war.

Eingelegte grüne Tomaten mit Sellerie

Für 6 Gläser (à ca. 500 ml)
2 EL jodiertes Salz
1½ l Weißweinessig
175 g Zucker
1 TL schwarze Pfefferkörner
1 TL Fenchelsamen
250 g mittelgroße Zwiebeln
300 g Knollensellerie

Die Tomaten waschen, rundherum mehrmals mit einem Holzstäbchen einstechen, mit Salz bestreuen und in einer Schüssel über Nacht stehen lassen. Am nächsten Tag den ausgetretenen Saft mit Wasser auf 750 ml auffüllen und in einen Topf gießen. Den Essig, den Zucker, die Pfefferkörner und die Fenchelsamen hinzufügen und alles aufkochen. Die Zwiebeln pellen und in Scheiben schneiden. Die Sellerieknolle schälen, in Scheiben, dann in schmale Streifen schneiden. Die Tomaten, die Selleriestreifen und die Zwiebelscheiben in die zuvor kochend heiß ausgespülten Gläser schichten, den Sud darüber gießen. Die Gläser verschließen und 30 Minuten bei 80 °C einkochen.

Rosen sind nicht nur schön anzusehen – ihre Blütenblätter können auch zu leckerem Likör verarbeitet werden.

Nicht ohne Grund wird die Rose auch als Königin unter den Blumen angesehen. Keine andere Blume blüht in so vielen verschiedenen Farben und Formen, nicht zuletzt dank der zahlreichen Züchtungen, die kaum noch an die Urform erinnern.

Auch in unserem Garten wurden die Rosen gehegt und gepflegt. Von der einfachen Floribunda- bis hin zur alten Parkrose waren viele Arten vertreten. Für uns Kinder war das Rosenbeet absolut tabu. Es hätte ein »Donnerwetter« gegeben, wenn wir es gewagt hätten, uns an den Blumen zu vergreifen. Und da die Früchte ohnehin mehr lockten, machten wir stets einen großen Bogen um das Beet.

Nicht nur im Garten zeigten die Rosen ihre Pracht. Hin und wieder wurden einige geschnitten, um in einer passenden Vase das Haus zu verschönern oder um bei Besuchen als kleines Gastgeschenk zu dienen.

Doch die duftenden Blütenblätter eigneten sich auch zur Herstellung von allerlei Spezialitäten. Die Herstellung eines feinen Rosenlikörs war Mutters besonderer Stolz. Eher selten wurde auch ein Gelee unter Verwendung von Rosenblättern hergestellt. Da es viel zu kostbar war, um daheim Verwendung zu finden, wurde es an gute Freunde zu besonderen Anlässen verschenkt. Die Herstellung war zeitaufwändig, aber einfach. Benötigt wurden einige Zitronen, die in dünne Scheiben geschnitten wurden und mit etwas Wasser und Wein etwa zwei Tage ziehen mussten. Dieser Sud wurde abgegossen und aufgekocht. In die kochende Flüssigkeit wurden etwa 250 g Rosenblüten gegeben und kurz blanchiert, danach herausgenommen und von den Kelchen abgezupft. Dann wurden die Blütenblätter gehackt und mit den zerkleinerten Zitronenscheiben und etwa 1 kg Gelierzucker aufgekocht. Das Gelee kam in heiß ausgespülte Gläser, die sofort verschlossen wurden. Während sie auskühlten, wurden sie häufig umgedreht, damit sich die Rosenblätter und Zitronenstücke gut verteilten. Das fertige Gelee musste dunkel aufbewahrt werden.

Rosenlikör

75 g rote Blütenblätter duftender Rosen
250 ml Wodka
375 g Zucker

Die Rosenblätter sorgfältig verlesen, beschädigte nicht verwenden. Dann waschen, trocknen und in eine Flasche füllen. Mit dem Wodka übergießen. Die Flasche verschließen und etwa 14 Tage bei Zimmertemperatur dunkel gestellt stehen lassen. Danach Zucker mit ½ l Wasser zu Sirup verkochen und erkalten lassen. Den Rosenwodka mit der Zuckerlösung vermischen, durch ein Leinentuch gießen und in Flaschen füllen. Nach einigen Wochen Lagerzeit ist der Likör genussfertig.

Ob Sonnenblumen-, Reis-Mehl- oder Dillbrot – frisch gebackenes Brot gehört heute wie damals zu den unverfälschten, einfach guten Dingen.

Das ganze Jahr über wurde regelmäßig Brot, aber auch Kleingebäck im Herd gebacken. Damit keine Langeweile aufkam, gab es häufig andere Brotsorten. Im Sommer und Herbst sorgten frische Kräuter, Sonnenblumenkerne und Nüsse für Abwechslung. Und der Duft, der beim Backen durch das Haus zog, ließ stets Vorfreude auf das frische, warme Brot aufkommen. Mal mit Kümmel, Zwiebeln oder sogar Knoblauch gewürzt, schmeckten auch die Pausenbrote, die wir mit zur Schule nahmen, besonders gut. Außerdem waren sie ein heiß begehrter Tauschartikel in der Schule; denn häufig tauschten wir die Pausenbrote untereinander aus, in der Hoffnung, »etwas Besseres« zu ergattern.

Immer wieder waren wir Kinder darüber erstaunt, wie viele verschiedene Brotsorten mit etwas Phantasie aus dem Mehl nebst einigen weiteren Zutaten »gezaubert« werden konnten. Und natürlich gehörte das Rühren und Kneten des Teiges zu den beliebten Beschäftigungen. Allerdings nur, wenn das Wetter das Spielen im Garten oder der Umgebung, die wir regelmäßig zu Fuß oder per Fahrrad auf der Suche nach Abenteuern durchstreiften, zuließ. Waren wir besonders artig gewesen, wurden manchmal auch »Kinderbrote« gebacken. Das waren Brote etwa in der Größe eines Brötchens, aus dem normalen Teig hergestellt, die wir nach Lust und Laune dekorieren durften. Diese kleinen Brote waren selbstverständlich viel schmackhafter als die großen Laibe…

Sonnenblumenbrot

300 g Roggenmehl, 400 g Weizenmehl
50 g frische Hefe
500 ml lauwarme Milch
50 g Margarine, 50 g Weizenkleie
1 TL jodiertes Salz, 1 EL Kümmelpulver
50 g geschälte Sonnenblumenkerne
2 EL Mehl, 1 Ei, 1 EL Margarine

Das Roggen- und Weizenmehl in einer Schüssel mischen, in die Mitte eine Mulde drücken. Die Hefe in die Mulde bröckeln. Die lauwarme Milch und die in einem Töpfchen geschmolzene Margarine darüber geben und vom Rand der Mulde her etwas Mehl unterrühren. Etwa 10 Minuten ruhen lassen. Danach alles gut verrühren und die Weizenkleie, das Salz, das Kümmelpulver und die Sonnenblumenkerne unter den Teig kneten. Den Teig kräftig durcharbeiten, dann zugedeckt etwa 25 Minuten an einem warmen Ort gehen lassen. Nach der Ruhezeit den Teig nochmals kräftig durchkneten. Auf einer mit dem Mehl bestreuten Arbeitsfläche zwei längliche Brotlaibe aus dem Teig formen. Die Brotlaibe nochmals 20 Minuten ruhen lassen. Den Backofen auf 200 °C vorheizen. Das Ei mit 1 EL Wasser verquirlen und die Brotlaibe damit einpinseln. Ein Backblech mit der Margarine bestreichen und die Brote darauf legen. Auf der zweiten Einschubleiste von unten im Backofen etwa 40 Minuten backen. Danach die Brote auf einem Kuchengitter auskühlen lassen.

Herzhaftes Dillbrot

100 g Roggenmehl
150 g Weizenmehl Typ 1050
1 Würfel frische Hefe (42,5 g)
½ TL Zucker
80 ml lauwarme Milch
1 Bund Dill
1 kleine gehackte Zwiebel
1 TL jodiertes Salz, 2 EL Sojaöl
1 EL Mehl für die Arbeitsfläche
etwas Butterschmalz für das Blech
1 Eigelb, 2 EL Milch

Das Mehl in eine Schüssel geben und in die Mitte eine Mulde drücken. Die Hefe hineinbröckeln, den Zucker und die lauwarme Milch dazugießen und 15 Minuten gehen lassen. Den Dill waschen, trockenschütteln, fein hacken, dann mit der Zwiebel, dem Salz und dem Öl zum Mehl geben. Alles gut durchkneten, bis sich der Teig vom Schüsselrand löst. Dann etwa 30 Minuten zugedeckt an einem warmen Platz gehen lassen. Danach den Teig mit bemehlten Händen auf einer bemehlten Arbeitsfläche nochmals gut durchkneten. Aus dem Teig ein ovales Brot formen. Ein Backblech mit dem Butterschmalz bestreichen, den Laib darauf legen und 15 Minuten gehen lassen. Den Backofen auf 225 °C vorheizen. Danach den Laib einmal der Länge nach etwa 1 cm tief einschneiden. Das Eigelb mit der Milch verquirlen und das Brot damit einpinseln. Im Backofen etwa 30 Minuten bei 225 °C backen.

Reis-Weizenmehl-Brot

500 g Rundkornreis
500 ml Milch
2 kg Weizenmehl Type 405
50 g frische Hefe
1 EL jodiertes Salz
1 EL Magarine für das Blech
1 Eigelb

Den Reis in der Milch gar kochen, dann in ein Sieb schütten und gut abtropfen lassen. Das Mehl in eine große Schüssel geben und den noch lauwarmen Reis hinzufügen und untermischen, in die Mitte eine Mulde drücken. Die Hefe in 100 ml lauwarmem Wasser auflösen und in die Teigmulde gießen. Den Teig zugedeckt an einem warmen Ort etwa 20 Minuten ruhen lassen. Danach das Salz dazugeben und den Teig unter Zugabe von lauwarmen Wasser in kleinen Portionen geschmeidig verkneten. Den Backofen auf 200 °C vorheizen. Den Teig zugedeckt etwa 20 Minuten gehen lassen. Danach den Teig nochmals gut durchkneten und daraus 2 Brotlaibe formen. Ein Backblech mit der Magarine bestreichen und die Laibe darauf legen. Das Eigelb mit 2 EL Wasser verquirlen und die Oberfläche der Brote damit bestreichen. Im Backofen auf der zweiten Einschubleiste von unten etwa 1 Stunde backen. Danach die Brote auf einem Kuchengitter auskühlen lassen.

Essig und Öl für die Küche wurde nach Hausrezepten verfeinert. Mutter vertrat stets den Standpunkt, dass die gekauften Öle bei weitem nicht so gut und schmackhaft seien wie die selber zubereiteten Sorten. Denn nur mit »ihren« hausgemachten Ölen und Essigsorten schmeckten Salate so richtig gut. Damals als Kinder verstanden wir die feinen Geschmacksnuancen nicht. Da gegessen wurde, was auf den Tisch kam, und zwar ohne »Mäkeln und Meckern«, fielen uns die Unterschiede kaum auf. Allenfalls schmeckte ein Salat besonders gut. Der Rohessig wurde in großen Glasballons eingekauft und dann später zur Verfeinerung in normale Flaschen abgefüllt. Diese standen dann auf der Fensterbank, mit Kräutern der verschiedensten Art zusätzlich gefüllt, bis das Grün der Kräuter fast vollständig verblasst war. Danach wurde der Essig mehrfach durch ein feines Mulltuch gefiltert und die gefüllten Flaschen fest verkorkt. Es müssen dutzende Flaschen mit den verschiedensten Aromen gewesen sein, die in die Kellerregale wanderten. Denn unsere Küche ist mir bis heute nur mit zahlreichen Flaschen auf der Fensterbank in Erinnerung geblieben.

Kaum ein Kraut aus dem Garten, den Lorbeerbaum im Pflanzkübel eingeschlossen, das nicht für eines der vielen Essig- oder Ölsorten verwendet wurde. Mutter bereitete sogar spezielle Essige zum Marinieren von Wildfleisch zu. Dazu wurden Lorbeerblätter, etwas Kümmel und Wacholderbeeren grob zerkleinert, in eine Flasche mit Essig gegeben und dort über Wochen hinweg zum Ziehen belassen. Heute weiß ich, dass der eigenen Phantasie bei der Zubereitung von delikaten Ölen für nahezu jeden Küchenzweck kaum Grenzen gesetzt sind. Ob Himbeeren, Erdbeeren, Vogelbeeren (Eberesche) oder Kräuter aus dem Garten verwendet werden, die so zubereiteten Mischungen sehen nicht nur dekorativ aus, sondern sie schmecken auch. Erstaunlich ist auch die Farbenvielfalt, die sich durch die Verwendung der verschiedenen Früchte oder Kräuter ergibt. Von einem blassen und hellen Gelb über Bernsteinfarbe bis hin zu verschiedenen Rottönen, die durch Erd- oder Himbeeren entstehen.

Kräuteressig

Kräuter nach eigener Wahl in guten Weinessig einlegen. Es eignen sich besonders gut: Thymian, Salbei, Estragon, Dill, Basilikum.

Himbeeressig

½ l Weißwein-Essig
15 saubere, frische Himbeeren
40 g Estragonblätter

Alle Zutaten in eine weithalsige Flasche geben und verschlossen etwa 14 Tage auf einer sonnigen Fensterbank ziehen lassen. Danach durch einen Kaffeefilter gießen und in eine Flasche füllen. Dunkel aufbewahren.

***Variation:** 100 g saubere, frische Himbeeren, 300 ml Weißwein-Essig. Die verlesenen, nicht gewaschenen Himbeeren mit dem Weinessig in einer weithalsigen, verschlossenen Flasche stehen lassen, bis der Essig rosafarben und die Himbeeren unansehnlich geworden sind. Dann durch einen Kaffeefilter gießen.*

***Tipps:** Himbeeressig schmeckt köstlich über Erdbeeren oder Obstsalat geträufelt, außerdem zu Fisch oder einer Spargel-Vinaigrette. Den Weinessig kann man auch selber mischen aus 250 ml fruchtigem Weißwein, zum Beispiel Ruländer, und 50 ml Essigessenz.*

Rosenessig

40 g getrocknete Blütenblätter
von roten Rosen
500 ml Weißwein-Essig

Die Blütenblätter verlesen, abspülen und trockentupfen. Den Essig in ein verschließbares Glas geben, die Rosenblätter dazugeben. Etwa 10 Tage verschlossen an einem warmen Ort ziehen lassen. Jeden Tag etwas schütteln. Danach durch einen Kaffeefilter gießen und in eine Flasche füllen. Dunkel aufbewahren.

***Tipp:** Rosenessig kann wie normaler Essig in der Küche verwendet werden. Mit Wasser verdünnt eignet er sich aber auch zur Körperpflege und als Gurgelwasser bei Halsschmerzen. Dazu nimmt man 2 EL Rosenessig auf 1 Glas lauwarmes Wasser.*

Herrliche Öle mit ganz verschiedenen Aromen lassen sich unkompliziert herstellen und geben jeder Speise eine individuelle Note.

Ähnlich wie mit dem Essig verhielt es sich auch mit den verschiedenen Kräuterölen, die im Hause hergestellt wurden. Die Auswahl der Öle war in meiner Kindheit bei weitem nicht so groß wie heute. Es gab in den Geschäften meist nur eine oder zwei Sorten. Mit verschiedenen Kräutern, Gewürzen oder ätherischen Ölen aus der Apotheke wurden dann Würz- oder Heilöle für nahezu jeden Verwendungszweck hergestellt.

Gegen Erkältungen, zum Einreiben zum Beispiel, wurden dem normalen Haushaltsöl einige Tropfen Eukalyptusöl und einige Blätter Minze mitsamt den Stengeln beigegeben. Das Öl musste einige Wochen ziehen, um später zur Linderung von Atembeschwerden eingesetzt zu werden. Andere Öle, die verfeinert wurden, dienten ausschließlich als Badezusatz oder für die Küche. Für jeden Zweck war ein passendes Öl vorhanden. Meist zierte ein Kräuterzweig den Flascheninhalt und machte eine Beschriftung überflüssig.

Wenn ich so zurückdenke, bin ich darüber erstaunt, wie vielseitig die Hausfrauen waren. Die Rezepte hatten sie meist im Kopf, es gab im Haushalt, wenn überhaupt, nur ein Kochbuch, das für ein ganzes Leben ausreichte. Und die Dinge, die darin nicht enthalten waren, blieben der Phantasie überlassen. Deshalb wurden auch Rezepte ausgetauscht und Erfahrungen an die Kinder, insbesondere die Mädchen, weitergegeben. Und zu tun gab es immer etwas. Ich kann mich nicht entsinnen, meine Mutter jemals einfach nur still sitzen gesehen zu haben. Wenn nicht eingeweckt, gekocht, gebacken oder vorbereitet wurde, gab es Socken zu stopfen, Kinderhosen auszubessern, neue Pullover zu stricken, Berge von Wäsche im holzgeheizten Waschkessel zu waschen und nach dem Trocknen zu bügeln oder »nur« eine neue Tischdecke zu sticken. Alles Dinge, die heute fast in Vergessenheit geraten sind, damals aber zu den Pflichten einer Hausfrau einfach dazugehörten. Insbesondere wenn Kinder im Hause waren, ein Garten zu pflegen und »Viehzeug« zu versorgen war.

Das Erstaunliche an diesem arbeitsreichen Leben war, dass die Frauen ihr Schicksal nicht beklagten, sondern ihr Bestes für die Familie gaben. Es war eine andere Zeit, mit einer anderen Einstellung zu den häuslichen Pflichten. Eine Einstellung, die noch immer Respekt und Bewunderung gebietet.

Trotz der vielen Arbeit war es das Bestreben, in diesen schwierigen Zeiten, als Geld knapp und das Angebot in den Geschäften begrenzt war, im Haushalt umsichtig, sparsam und dennoch abwechslungsreich zu wirtschaften. Reste wurden nicht, wie heute vielfach üblich, einfach weggetan, sondern so verwertet, dass kein Eindruck von Reste-Essen aufkommen sollte. Das bedeutete, dass mit Phantasie und Liebe zur Arbeit gewirtschaftet werden musste, um Geld zu sparen und das Angebot der Natur für den Haushalt und die Ernährung der Familie zu nutzen.

Ohne dass es einen festen Plan gab, wurde stets zur richtigen Zeit das getan, was getan werden musste - der Reife des Obstes, der Gemüsesorten und der Kräuter entsprechend.

Überhaupt, die Zeit, in der es in den Haushalten kaum Kühlschränke und keine Gefriergeräte gab, in der Suppen und Saucen frisch hergestellt wurden und nicht aus der Tüte oder dem Glas stammten, erforderte ein Leben im Einklang mit den Zeitvorgaben der Natur. Die Vorratswirtschaft war unentbehrlicher Bestandteil des Lebens, wenn nicht »Schmalhans Küchenmeister« in der kalten Jahreszeit sein sollte. Und alle diejenigen, die die »schlechte Zeit« am eigenen Leib erfahren und manchmal durchhungert haben, bringen der häuslichen Vorratswirtschaft mehr Respekt entgegen als diejenigen, die nur volle Lebensmittelregale mit Dutzenden von Fertigprodukten zu jeder Jahreszeit kennen.

Das soll allerdings kein Plädoyer für ein Zurück in alte Zeiten sein, so schön sie auch in der Retrospektive erscheinen mögen. Es ist gut, dass die Menschen von heute mehr Freiraum haben, auch durch Kühlgeräte-Vorratswirtschaft. Sie können aber, und das ist der große Vorteil unserer Zeit, auf Überliefertes zurückgreifen und ohne den Zwang der Notwendigkeit manche fast vergessene Spezialität in kurzer Zeit herstellen. Das einzige Problem ist, dass erntefrisches Gemüse und knackig frisches Obst kaum im normalen Handel zu haben sind. Es bedarf daher eines nicht immer geringen Aufwandes, um bei Bauern oder auf Obstplantagen wirklich frische Zutaten zu erstehen oder sogar selber zu ernten. Ein Aufwand, der sich lohnt, ebenso das Aneignen gewisser Grundkenntnisse über wild wachsende Kräuter, die anlässlich eines ausgedehnten Spazierganges gepflückt werden können und dann zur Verfeinerung der Speisenfolge beitragen.

Kräuteröl

10 g gehobelte Haselnüsse
je 1 Zweig Thymian, Salbei und Majoran
½ l Olivenöl

Die Nüsse in einer Pfanne ohne Fett anrösten, dann herausnehmen und abkühlen lassen. Die Kräuter waschen und gut abtropfen lassen. Zusammen mit den Nüssen in eine Flasche geben, das Öl dazugießen und die Flasche verschließen. Etwa 2 Wochen ziehen lassen. Danach das Öl durch einen Kaffeefilter gießen und in eine Flasche füllen. Kühl und dunkel aufbewahrt hält das Öl etwa 6 Wochen.

Rosmarinöl

1 frischer Rosmarinzweig
½ l Rapsöl

Den Rosmarinzweig in eine Flasche geben, mit dem Öl übergießen und verschlossen 14 Tage ziehen lassen. Danach den Zweig entfernen, das Öl ist fertig. Dekorativer sieht es aus, kleinere Mengen herzustellen und das Gewürz in dem Öl zu lassen. Dann sollte das Würzöl möglichst bald verbraucht werden, damit es nicht bitter wird.

Tipp: Das Würzöl ist ideal zum Braten von Koteletts und Steaks sowie für Salate.

Pflaumen sind nicht nur im Rumtopf ausgesprochen lecker.

Feiner Rumfrüchtetopf

je 250 g Erdbeeren und Himbeeren nach Saison
ca. 5 kg Zucker
ca. 4 Flaschen Rum (54 %) à 0,7 l
je 500 g Aprikosen, Johannisbeeren und Sauerkirschen nach Saison
je 500 g Mirabellen, Pfirsiche, Pflaumen und Renekloden nach Saison
250 g Zwetschgen
evtl. 125 g Brombeeren
je 250 g Ananaswürfel und geschälte und entkernte Birnenschnitze nach Saison

Im Juni die Erdbeeren waschen und entstielen und die Himbeeren verlesen (nicht waschen!), in den Rumtopf (5 l Fassungsvermögen) schichten. Mit 500 g Zucker bestreuen und eine Stunde ziehen lassen. So viel Rum dazu geben, dass alle Früchte etwa 3 cm bedeckt sind.

Im Juli die Aprikosen überbrühen, häuten, entsteinen und vierteln. Die Johannisbeeren verlesen, waschen, von den Stielen entfernen. Die Sauerkirschen waschen (nicht entsteinen!), Stiele entfernen.

Jetzt nur halb so viel Zucker wie Früchte in den Rumtopf geben. So viel Rum aufgießen, dass die Früchte gut bedeckt sind. Im August die Mirabellen, Pfirsiche, Pflaumen und Renekloden waschen und entsteinen. Die Pfirsiche überbrühen und häuten. Die Früchte halbieren. Auf das gemischte Obst kommt nun wieder die gleiche Menge Zucker. Mit so viel Rum auffüllen, dass alle Früchte bedeckt sind.

Im September die Zwetschgen halbieren und entsteinen. Eventuell 125 g Brombeeren für das Aroma in den Rumtopf geben (Brombeeren werden etwas hart). Wieder die Hälfte des Fruchtgewichtes dazugeben und alles gut mit Rum bedecken.

Im Oktober frische Ananaswürfel und Birnenschnitze in den Topf geben. Alles mit 400 g Zucker und Rum bedecken. Vier Wochen nach der letzten Fruchtzugabe noch einmal 54%igen Rum dazugießen.

Tipps: Den Rumtopf nicht vor dem 1. Advent anbrechen. Stets nur die besten Früchte verwenden. Immer nur hochprozentigen Rum (54 %) aufgießen. Die Früchte müssen immer gut mit Flüssigkeit bedeckt werden. Den Topf immer gut verschließen und an einem kühlen, dunklen Ort aufbewahren. Gelegentlich mit einem großem sauberem Löffel vorsichtig umrühren.

Den feinen Rumfrüchtetopf wussten schon die Großeltern wegen seiner schmackhaften Zutaten zu schätzen.

Richtig frisch und knackig, dabei völlig ohne Druck- und Schadstellen muss auch das Obst sein, das für den beliebten Rumtopf verwendet wird. Nur so ist garantiert, dass die Mühe der Zubereitung von Erfolg gekrönt wird. Gerade beim Rumtopf hatte früher nahezu jede Hausfrau ihr ganz spezielles Rezept, das meist nicht verraten wurde. Und in vielen Haushalten wurde sogar ein zweiter, ja, ein dritter Steinguttopf während der Saison gefüllt, damit die köstlichen Früchte im Winter in ausreichender Menge vorhanden waren. Nicht nur »pur«, sondern auch zu Puddings, Flammeris und Milchreis schmecken die Rumfüchte aromatisch und delikat, wenn sie auch, aufgrund des hohen Alkoholgehaltes, nur in begrenzten Mengen verzehrt werden sollten.

Übrigens: *Auch bei der Herstellung eines Rumtopfes kann der Phantasie gefolgt werden. Zum Beispiel ein Rumtopf aus exotischen Früchten wie Mango, Kiwi, Granatäpfeln, Karambolen, Papaya, Kumquats, Kaki, Feigen, Datteln und andere mehr bringt gänzlich neue und früher unbekannte Genüsse. Doch wohl dem, der einen eigenen Garten hat und somit die Möglichkeit, die feinen Fruchtaromen der heimischen Früchte, von Rum gekrönt, zu genießen.*

Es gibt keine Richtlinie für die Zubereitung von Rumtöpfen. Erlaubt ist, was gefällt und vorhanden ist. So können auch verschiedene Äpfel, in kleinen Schnitzen oder Spalten, Weintrauben und natürlich auch die heute erhältlichen exotischen Früchte verwendet werden.

Ganz wichtig ist, dass nur beste Früchte und guter, immer hochprozentiger, Rum für die Herstellung verwendet werden. Keine angestoßenen oder angefaulten Früchte verwenden, sie könnten das Ergebnis zunichte machen.

Tee aus Hopfen und Melisse wirkt beruhigend und hilft beim Einschlafen.

Einschlaftee

je 45 g getrockneter Hopfen und Melisse
10 g getrocknete Lavendelblätter

Einen gehäuften TL pro Tasse mit kochendem Wasser überbrühen, etwa 5 Minuten bedeckt ziehen lassen, dann durch ein Sieb abgießen. Noch heiß in kleinen Schlucken trinken.

Tipp: *Dieser Tee sollte etwa eine halbe Stunde vor dem Schlafengehen getrunken werden.*

Zitronenmelissetee

2 gehäufte TL
frische, geschnittene Melisseblätter

Die Melisseblätter mit ¼ l kochendem Wasser überbrühen, etwa 5 Minuten ziehen lassen. Danach durch ein feines Sieb gießen und in Schlückchen trinken.

Tipp: *Wirkt beruhigend bei Schlafstörungen und nervösen Herzbeschwerden.*

Tee aus Salbei: Damals wie heute als Heilmittel gegen Magenbeschwerden geschätzt.

Johanniskrauttee

1 TL frisches Johanniskraut
1 TL frische Melisse

Einen gehäuften TL Kräuter je Tasse mit kochendem Wasser überbrühen. Etwa 5 Minuten ziehen lassen, dann durch ein Sieb gießen. Noch heiß in kleinen Schlucken trinken.

Tipp: Die Melisse beruhigt die Nerven, das Johanniskraut hellt die Stimmung auf. Tagsüber macht der Tee ruhiger und konzentrierter, abends erhöht er die Schlafbereitschaft.

Salbeitee

2 TL frische Salbei-Blätter

Die Salbeiblätter in ½ l Wasser etwa 10 Minuten kochen, dann durch ein Sieb gießen und je nach Geschmack mit etwas Honig gesüßt noch heiß in kleinen Schlucken trinken.

Tipp: Hilft bei Magen- und Darmentzündungen.

Duftkissen aus Kräutern oder Lavendel verleihen der Wäsche einen frischen Geruch.

Kräuterkissen

Das Kräuterkissen ist eine bewährte und wirksame Art, die Heilkräfte und Düfte von Heilpflanzen zu genießen. Einen kleinen Beutel aus grobem Leinen mit frischen, stark duftenden Kräutern füllen, zum Beispiel mit Rosenblütenblättern, Lavendel, Majoran, Anis, Nelken, Thymian, Kalmus…

Bei der Zusammenstellung ist der Phantasie keine Grenze gesetzt. Ein kleines Kräuterkissen, mit Waldmeister und Rosmarin gefüllt, eignet sich als Duftbeutel für den Kleiderschrank.

Lavendelduftkissen

Etwa 10 g getrocknete Lavendelblüten in ein kleines Stoffbeutelchen füllen und mit Bändern zuschnüren. Das Lavendelkissen zwischen Wollsachen legen, um Motten fernzuhalten, oder wegen des frischen Duftes ins Wäschefach legen.

Für Menschen, die unter Schlafstörungen leiden, haben sich auch kleine Heukissen bewährt. Dazu wird gut getrocknetes Heu mit einem möglichst großen Anteil an wildwachsenden Wiesenkräutern in einen kleinen Kissenbezug gestopft und dieser beim Einschlafen auf das Kopfkissen gelegt.

Getrocknete Blüten, Blätter oder Gewürze verströmen das ganze Jahr einen herrlichen Duft.

Duftpotpourri

Wer Blüten- und Kräuterdüfte das ganze Jahr über im Haus haben möchte, kann sich aus Blüten, Blättern, Rinden, Schalen, Gewürzen und Parfümölen die verschiedensten Potpourris zusammenstellen. Dazu werden alle sorgfältig getrockneten Blüten und Kräuter in einer Schüssel miteinander vermischt und mit einigen Tropfen ätherischen Öls nach Wahl (Apotheke, Reformhaus oder Naturkostladen) beträufelt. Die Mischung sollte etwa zwei Wochen in einer großen Papiertüte an einem trockenen, dunklen und kühlen Ort »reifen«. Den Tüteninhalt jeden zweiten Tag gut durchschütteln.

Das fertige Potpourri kann in eine schöne Schale gefüllt werden. Ein typisches Gartenpotpourri besteht aus Rosenknospen, Lavendel-, Kamillen-, Kornblumenblüten, Bärentrauben-, Hibiskusblüten-, Pfingstrosenblättern, Zitronenmelisse, Ringelblumen-, Malvenblüten, Iriswurzel und Blumenöl aus Jasmin, Geißblatt oder Heliotrop.

Badebeutelchen

30 g getrocknete Rosenblütenblätter
30 g getrocknete Lavendelblüten
30 g gehacktes Haferstroh
je 15 g getrocknete kleingehackte Orangen- und Zitronenschale (von unbehandelten Früchten)
je 2 getrocknete zerstoßene Lorbeerblätter und Rosmarinzweige

Alle Zutaten miteinander mischen, in vier Portionen teilen. Diese in kleine Mullbeutel füllen, dann zubinden. Die Beutelchen in das heiße Badewasser geben.

Tipp: Für ein Erkältungsbad hat sich auch eine Kombination aus Haferstroh, einigen Handvoll getrockneter Fichtennadeln, einer Handvoll getrockneter Eukalyptusblätter (Blumenhandel), einigen Gewürznelken und getrockneter Pfefferminze gut bewährt. Die Zutaten gut vermischt in ein Beutelchen füllen und in das Badewasser geben.

Schlummerkissen

50 g getrocknete Heublumen
35 g getrockneter Salbei
30 g getrocknete Melisse
je 20 g getrocknete Pfefferminze und Lavendel
10 g getrockneter Honigklee

Die Kräuter miteinander mischen und in einen kleinen, luftdurchlässigen Kissenbezug füllen, diesen zunähen.

Tipp: Die beruhigenden ätherischen Öle helfen beim Einschlafen und wirken die ganze Nacht hindurch.

Ein köstlicher Likör aus Walnüssen versüßt das Ende des Sommers.

Früher war es auf dem Lande üblich, dass es in jedem Garten und auf jedem Hof einen sogenannten »Hausbaum« gab. Sehr häufig, so auch bei uns, handelte es sich um einen Nussbaum, der im Laufe der Jahre eine stattliche Größe erreichte und viele Früchte trug. Bei jedem Sturm fielen einige der Nüsse, noch unreif, herab. Diese wurden für Likör verwendet.

Später, wenn die Nüsse gereift waren, leicht an der sie umgebenden und sich verfärbenden Umhüllung zu erkennen, kam dann die Zeit der richtigen Ernte. Den genauen Zeitpunkt gaben die Eichhörnchen vor, die in dem Baum herumtobten, um die schönsten Exemplare für ihren Wintervorrat zu sammeln.

So gut es ging, wurde an dem Baum gerüttelt und geschüttelt, bis die Nüsse herabprasselten. Von der äußeren Hülle befreit, waren die Schalen oft erst leicht bräunlich und die Nüsse mussten noch nachreifen, bevor sie verzehrt wurden. Die heutigen hellen Walnüsse, wie wir sie in Geschäften kaufen, werden einer Bleiche unterzogen, also behandelt, damit die Schale besser aussieht. Da es sich nur um Optik handelt, kann ohne Bedenken auf naturbelassene Nüsse zurückgegriffen werden.

Die gerade erst geernteten Nüsse können auch für ein feines Würzöl verwendet werden. Dazu einige Handvoll Nüsse grob zerkleinern und in eine weithalsige Flasche geben. Diese mit gutem Keimöl auffüllen und gut verschlossen auf einer Fensterbank mehrere Wochen ziehen lassen. Das Öl nimmt während dieser Zeit das Aroma der Nüsse an. Nach einigen Wochen das Öl durch einen Papierfilter gießen und gut verschlossen aufbewahren. Es eignet sich gut für Salate und feine Marinaden. Anstelle der Walnüsse können auch Haselnüsse verwendet werden, die einen gänzlich anderen Geschmack ergeben.

Bei uns zu Hause wurden die schönsten Nüsse aus der Ernte herausgesucht, nachgetrocknet, um dann Weihnachten auf den bunten Tellern Freude zu bereiten.

Auch heute lohnt das Pflanzen eines Walnussbaumes, sofern ausreichend Platz im Garten vorhanden ist. Denn der Duft des Baumes hat einen angenehmen Begleiteffekt, er hält Mücken fern. Das gleiche Ergebnis lässt sich auch ohne Baum erreichen, wenn einige Handvoll Blätter auf die Fensterbänke gelegt werden. Allerdings muss dieser Vorgang im Laufe eines Sommers mehrfach wiederholt werden.

Nicht zuletzt auch für die Zubereitung von Magenbitter können die äußeren grünen Schalen der Walnüsse verwendet werden. Einige Gramm der getrockneten Schalen zusätzlich zu den anderen Zutaten geben und mitziehen lassen. Dadurch wird der Magenbitter noch besser bekömmlich.

Ohne Nüsse aus dem eigenen Garten oder dem Wald wäre ein Herbst damals wie heute kein richtiger Herbst gewesen. Sie gehören einfach zu der Jahreszeit. An langen Winterabenden spenden die Baumfrüchte dann Genuss. Und gesund und bekömmlich sind sie aufgrund der Inhaltsstoffe ebenfalls.

Walnusslikör

25 grüne, unreife Walnüsse
1 l Cognac
3 g Zimtpulver
500 g Zucker

Die Walnüsse zerquetschen und mit dem Cognac und dem Zimt in eine Flasche füllen. Die Flasche verschließen und 3 Wochen auf einer sonnigen Fensterbank stehen lassen. Danach durch einen Kaffeefilter gießen. Den Zucker mit etwa 1 l Wasser kochen bis sich der Zucker aufgelöst hat. Die Zuckerlösung erkalten lassen, danach mit dem Alkohol mischen. Die Flasche 2 bis 3 Tage stehen lassen, dann den Inhalt nochmals durchfiltern und in Flaschen füllen.

Magenbitter I

75 g Kandiszucker
50 g Rosinen
8 g Kümmelsamen
8 g Sternanis
8 g Ingwerpulver
8 g geriebene Muskatnuss
25 g Nelken
0,7 l Alkohol (38 %)

Den Kandiszucker und die Gewürze in einem Mörser zerstoßen. Die Rosinen hacken, dann mit der Zucker-Gewürzmischung in eine Flasche füllen und mit dem Alkohol übergießen. Die Flasche verschließen und etwa 14 Tage warm gestellt (Zimmertemperatur) ziehen lassen, dabei täglich einmal durchschütteln. Anschließend durch einen Kaffeefilter gießen, in eine Flasche füllen und vor dem Genuss einige Wochen ruhen lassen.

Die im Spätsommer geernteten Walnüsse spenden in der kalten Jahreszeit Genuss.

Magenbitter II

2 Nelken
1 g Kalmuswurzel (Apotheke)
1g Koriander
3½ g abgeriebene Orangenschale einer unbehandelten Orange
1 g Zimt, 6 g Ingwer
1½ g getrocknete Enzianwurzel (Apotheke)
3 g getrocknetes Benediktenkraut (Apotheke)
350 g Zucker
1½ g Kardamon
300 ml Alkohol (38 %)

Die Gewürze in einem Mörser grob zerstoßen, mit 200 ml Alkohol übergießen und in eine Flasche füllen. Die gut verschlossene Flasche 2 Wochen lang bei Zimmertemperatur stehen lassen. Täglich einmal gut durchschütteln. Danach durch einen Kaffeefilter gießen. Den Zucker mit 350 ml Wasser aufkochen, etwas abkühlen lassen, dann zu dem Alkohol gießen. Den restlichen Alkohol hinzufügen. In eine saubere Flasche füllen. Diese etwa 6 Wochen an einem kühlen Platz ruhen lassen. Danach nochmals filtern und den Magenbitter in Flaschen füllen.

Herbst

Nun werden die Tage langsam wieder kürzer
und der Sommer neigt sich seinem Ende zu.
Die Blätter der Laubbäume verfärben sich rot und gelb,
morgens liegt Dunst in den Tälern
und ein zarter Raureifschleier über der Natur.
An sonnigen, klaren Tagen zeigt sich der Herbst
noch einmal in seiner schönsten Farbenpracht.
September und Oktober sind die Monate der Ernte.
Die Weintrauben werden gelesen,
aber auch späte Zwetschgen, Äpfel, Kartoffeln
und Zwiebeln füllen die Vorratskammern.

Die Farben des Herbstes: Braun, Beige, Ocker, Gelb und Weinrot.

**»Wenn Buchenfrüchte geraten wohl,
Nuss- und Eichbäume hängen voll,
so folgt ein harter Winter drauf
und fällt der Schnee in großem Hauf'.«**

Wildpilzragout

1 kg Geflügelleber, 2 mittelgroße Zwiebeln
2 EL Olivenöl, jodiertes Salz
1 kg Waldpilze nach Wahl
2 EL Sonnenblumenöl
125 ml kräftiger Rotwein
weißer Pfeffer a. d. Mühle
2 TL Speisestärke, 2 EL Zitronensaft
1 EL Johannisbeerkonfitüre

Die Lebern waschen und säubern. Die Zwiebeln pellen und in Würfel schneiden. Das Olivenöl in einer Pfanne erhitzen und die Zwiebelwürfel darin andünsten. Die Lebern dazugeben und unter häufigem Wenden braten. Danach aus der Pfanne nehmen, salzen und warm stellen. Die Pilze putzen, halbieren und in dem Sonnenblumenöl andünsten, den Rotwein angießen und mit etwas Salz und Pfeffer bestreuen. Die Lebern mit den Zwiebelwürfeln zu den Pilzen geben. Bei geringer Hitze kochen, bis die Pilze gar sind. Die Sauce mit der Speisestärke binden. Mit dem Zitronensaft und der Johannisbeerkonfitüre abschmecken.

Rigaer Braten mit Walnusssauce: aromatisch dank Pflaumen, Kräutern, Schalotten und Walnüssen.

Rigaer Braten mit Walnusssauce

8 entsteinte Backpflaumen
1,5 kg Schweinerücken im Stück
2 cl Wacholderbeerschnaps
jodiertes Salz
weißer Pfeffer a. d. Mühle
½ TL gemahlener Anis
2 EL Butter
250 ml trockener Weißwein
je ¼ TL getrockneter Majoran und Salbei
16 kleine Schalotten
200 g saure Sahne
250 g geriebene Walnusskerne

Die Backpflaumen in Wasser einweichen. Den Schweinerücken in 8 Scheiben schneiden, aber nicht ganz durchtrennen. Mit dem Wacholderschnaps begießen. Mit etwas Salz und Pfeffer bestreuen und etwa 10 Minuten marinieren lassen. Den Backofen auf 180 °C vorheizen. Zwischen die Fleischscheiben jeweils 1 Backpflaume legen, etwas Anis darauf streuen. Das Fleischstück mit Küchengarn zusammenbinden, dann in heißer Butter in einem Bräter rundum anbraten. Mit dem Weißwein ablöschen, Salbei und Majoran dazugeben. Etwa 60 Minuten im Backofen auf der 2. Einschubleiste von unten braten, dabei ab und zu wenden. Etwa 20 Minuten vor Ende der Garzeit die Schalotten schälen und mit der sauren Sahne in den Bräter geben. Den fertigen Braten etwas ruhen lassen. Inzwischen den Bratensaft durch ein Sieb in einen Topf passieren. Die Walnusskerne einrühren, kurz aufkochen und die Sauce mit Salz abschmecken. Getrennt zum Braten reichen.

Äpfel und Schwarzbrot gehen in diesem Auflauf eine aromatische Verbindung ein.

Apfelbettelmann

750 g fruchtige Äpfel
120 g Zucker
50 g Rosinen
300 g trockenes Schwarzbrot
1 TL Zimt
½ TL Nelkenpulver
1 EL abgeriebene Schale einer unbehandelten Zitrone
100 g Butter
250 ml Vollmilch

Die Äpfel schälen, die Kerngehäuse ausstechen, die Früchte in Scheiben schneiden, mit 75 g Zucker und den abgespülten Rosinen in etwas Wasser weichdünsten. Das Schwarzbrot reiben und mit dem Zimt, dem Nelkenpulver und der Zitronenschale mischen. 70 g Butter in einer Pfanne erhitzen. Das gewürzte Brot darin anrösten. Den restlichen Zucker darüber streuen. Den Backofen auf 180 °C vorheizen. Die Schwarzbrotmischung und die Apfelscheiben mit den Rosinen abwechselnd in eine gefettete Auflaufform schichten. Mit der restlichen Butter in Flöckchen belegen, die Milch anwärmen und darübergießen. Etwa 40 Minuten im Ofen auf der mittleren Einschubleiste backen. Den Auflauf heiß servieren.

Das lange Warten hat sich gelohnt: Korb um Korb geben Apfel- und Birnbäume ihre Früchte preis.

Wenn die Zweige der Apfelbäume im Garten unter der Last der Früchte fast zu brechen drohten und die Äpfel rote Bäckchen bekamen, war es Zeit für die Ernte. Streng verpönt war das Herabschütteln der Früchte, denn nur durch sorgsames Pflücken blieben die Äpfel ohne Druckstellen und waren so für die Einlagerung auf einer Holzhorde mit vielen Böden im Keller geeignet. Schließlich sollte das Obst über den Winter haltbar bleiben.

Doch auch das, was durch den Wind oder die frühe Reife von den Bäumen fiel, das Fallobst, wurde nicht weggeworfen. Beschädigte Stellen wurden sorgfältig ausgeschnitten, die Kerngehäuse entfernt und aus den Apfelstücken dann Apfelmus, -kompott und -gelee gekocht. Mit einem Hauch Zimt versehen, schmeckte das Mus nicht nur zu den heißgeliebten Pfannkuchen, sondern auch mit einem Klecks Sahne verziert als Nachspeise. Bei uns Kindern besonders beliebt war der Apfelbettelmann – und auch Mutter bereitete das Gericht gern zu, konnte doch darin bereits trocken gewordenes Schwarzbrot wieder zu Ehren kommen.

Auch Walnüsse wurden im Herbst geerntet. Einige kamen dann zu Weihnachten in die obligaten »bunten Teller«, die mit allerlei Schleckereien und mit einer Apfelsine gefüllt waren. Auch die schönsten rotbackigen Äpfel wurden speziell für das große Fest beiseite gelegt.

Apfelpfannkuchen mit Zimtcreme

Für die Zimtcreme:
½ Vanilleschote
250 ml Milch
2 Blatt weiße Gelatine
2 Eigelb
2 EL Honig
2 TL Zimt
120 g süße Sahne

Für den Teig:
150 g Weizenvollkornmehl
250 ml Milch
2 Eier
2 EL Heidehonig
3 EL flüssiges Butterschmalz
2 säuerliche Äpfel
4 EL Butterschmalz
4 EL Sesamsamen

Die Vanilleschote längs aufschlitzen und in der Milch erhitzen. Danach die Schote mit einem spitzen Messer auskratzen und das Mark in die Milch geben. Die Gelatine in kaltem Wasser einweichen. Die Eigelbe mit dem Honig zu einer dickcremigen Masse schlagen. Den Zimt hinzufügen und die Milch unter Rühren nach und nach dazugeben. Die Schüssel in ein heißes Wasserbad stellen und weiterrühren, bis die Creme dick wird. Die Gelatine gut ausdrücken und in der Creme auflösen. Danach die Creme abkühlen lassen. Die Sahne steif schlagen und unter die Creme heben, sobald diese beginnt, fest zu werden. 1 Stunde kalt stellen. Für die Pfannkuchen das Mehl mit der Milch, den Eiern und dem Honig verrühren, dann das flüssige Butterschmalz hinzufügen. Den Teig zugedeckt etwa 20 Minuten quellen lassen. Inzwischen die Äpfel schälen, entkernen und in dünne Scheiben schneiden. Jeweils 1 EL Butterschmalz in einer Pfanne erhitzen und ein Viertel der Äpfel darin kurz dünsten, mit je 1 EL Sesamsamen bestreuen und mit einem Viertel des Teiges begießen. Die Pfanne ab und zu rütteln, damit der Pfannkuchen nicht anklebt. Nach etwa 3 Minuten wenden und weitere 3 Minuten braten. Die fertigen Pfannkuchen warm stellen. Die Pfannkuchen mit der Zimtcreme und mit etwas Zimt bestreut servieren.

Apfel-Rosinen-Kompott

Für ca. 2 Gläser (à 500 ml)
750 g säuerliche Äpfel
200 g helle Rosinen
1 EL abgeriebene Schale einer unbehandelten Zitrone
25 g kandierter Ingwer
375 g Zucker
2 EL Zitronensaft
2 cl Rum oder Arrak

Die Äpfel schälen, vierteln und die Kerngehäuse entfernen. Die Rosinen abspülen. Das Apfelfruchtfleisch in Spalten schneiden. Mit der Zitronenschale, dem Ingwer, dem Zucker und 250 ml Wasser aufkochen. Bei geringer Hitze etwa 10 Minuten dünsten, bis die Äpfel weich sind. Danach die Rosinen dazugeben, etwa 5 Minuten miterhitzen, dann das Kompott mit dem Zitronensaft und dem Rum abschmecken. Das Kompott in Einmachgläser füllen. Die Gläser verschließen und im Einkochtopf bei 80 °C etwa 30 Minuten einkochen.

Aus Kürbissen lassen sich leckere Gerichte zubereiten.

Erntedank-Kürbisbrot

Für den Kürbis:
400 g gelber Kürbis
1 TL Salz
4 Nelken
½ TL Zimtpulver
20 g frischer, geriebener Ingwer

Für den Teig:
500 g Weizenmehl Type 405
5 EL Zucker
42 g frische Hefe (1 Würfel)
50 ml lauwarme Milch
2 EL weiche Butter
1 TL jodiertes Salz
2 EL geschälte, gehackte Kürbiskerne

Außerdem:
1 EL Margarine für die Form
2 EL Kürbiskerne zum Bestreuen

Den Kürbis schälen, entkernen und in nicht zu große Würfel schneiden. Mit 150 ml Wasser, dem Salz, den Nelken, dem Zimtpulver und dem Ingwer etwa 10 Minuten weich dünsten. Die überschüssige Kochflüssigkeit abgießen. Die Nelken herausnehmen, dann das Kürbisfleisch in einem Mixer pürieren. Für den Teig das Mehl in eine Schüssel geben, in die Mitte eine Mulde drücken, den Zucker und die zerbröckelte Hefe hineingeben. Die Milch darüber gießen und alles mit etwas Mehl verrühren. Den Vorteig zugedeckt an einem warmen Ort etwa 15 Minuten gehen lassen. Danach die Butter, das Salz und das Kürbispüree dazugeben und alles zu einem festen und glatten Teig verkneten. Falls der Teig nicht fest ist, noch etwas Mehl dazugeben. Den Teig nochmals etwa 10 Minuten gehen lassen. Den Backofen auf 185 °C vorheizen. Die Kürbiskerne in einer Pfanne ohne Fett kurz anrösten, abkühlen lassen und unter den Teig kneten. Eine Kastenform mit der Margarine ausstreichen. Den Teig einfüllen, die Oberfläche mit etwas Wasser bestreichen. Die restlichen Kürbiskerne darauf streuen und leicht andrücken. Den Teig zugedeckt nochmals etwa 5 Minuten gehen lassen. Das Brot auf der zweiten Einschubleiste von unten in ca. 45 Minuten goldbraun backen.

Kürbismarmelade

Für 8 Gläser (à ca. 250 ml)
1 kg Kürbisfleisch
¾ TL gemahlener Zimt
½ TL fein gehackter Ingwer
¼ TL Nelkenpulver
1 Msp. geriebene Muskatnuss
6 EL Zitronensaft
1 kg Gelierzucker

Das Kürbisfleisch in Würfel schneiden, durch die feine Scheibe eines Fleischwolfes drehen. Das Mus mit wenig Wasser in einem Topf etwa 10 Minuten dünsten. Danach den Zimt, den Ingwer, das Nelkenpulver, den Muskat und den Zitronensaft unter die Kürbismasse rühren. Den Gelierzucker einstreuen und unter ständigem Rühren aufkochen. Etwa 5 Minuten sprudelnd kochen lassen, dann in ganz saubere Gläser füllen und diese sofort verschließen.

Wenn die Tage kühler werden, schmeckt ein deftiger Eintopf. Zum Zwiebelkuchen bietet sich ein Glas Federweißer an.

Steckrübeneintopf

2 große Zwiebeln
2 gepökelte Schweinepfötchen
1 gepökeltes Eisbein
jodiertes Salz
800 g Steckrübe
5 große Kartoffeln
Zucker
2 EL gehackte Petersilie

Die Zwiebeln schälen und in grobe Würfel schneiden. Die Schweinepfoten und das Eisbein mit den Zwiebeln in Salzwasser garen. Dann das Fleisch herausnehmen und abkühlen lassen. Die Steckrübe und die Kartoffeln schälen. Steckrübe in Stifte, Kartoffeln in Würfel schneiden. Dann beides in der Fleischbrühe in etwa 25 Minuten gar kochen. Das Fleisch von den Knochen lösen und in Würfel schneiden, dabei sichtbares Fett entfernen. Die Fleischwürfel zu den Steckrüben geben. Den Eintopf mit etwas Zucker abschmecken und mit der Petersilie bestreut servieren.

Frische Zwiebeln sind nicht nur sehr gesund, sondern auch ein unverzichtbarer Bestandteil zahlloser Gerichte.

Zwiebelkuchen

160 ml Milch
20 g frische Hefe
150 g Weizenmehl Type 405
jodiertes Salz
1 kg Zwiebeln
125 g Räucherspeck am Stück
2 Eier
120 g süße Sahne
½ TL gemahlener Kümmel
1 EL Margarine für das Blech

Die Milch leicht erwärmen, dann die Hefe darin auflösen. Das Mehl in eine Schüssel geben, mit 1 TL Salz mischen, in die Mitte eine Mulde drücken. Die Hefemilch in die Mulde gießen und alles zu einem glatten Teig rühren, dann verkneten. Den Teig zugedeckt an einem warmen Ort etwa 30 Minuten gehen lassen. Die Zwiebeln pellen und grob hacken. Den Speck in kleine Würfel schneiden. Die Speckwürfel in einer großen Pfanne auslassen, dann die Zwiebeln dazugeben und goldgelb dünsten. Dann die Eier mit der Sahne, dem Kümmel und 1 TL Salz verquirlen und unter die Zwiebel-Speck-Mischung rühren. Die Pfanne vom Herd nehmen und die Masse etwas abkühlen lassen.

Ein Blech mit der Margarine fetten. Den Backofen auf 230 °C vorheizen. Den Teig auf das Blech geben und auf Backblechgröße ausrollen. Zugedeckt nochmals 10 Minuten gehen lassen. Danach die Zwiebelmischung auf den Teig streichen. Im Backofen auf der zweiten Einschubleiste von unten 35 bis 40 Minuten backen. Lauwarm schmeckt der Zwiebelkuchen am besten.

Die Herbstsonne verlieh diesen Birnen noch eine Extraportion Süße

Nachdem schon im Sommer fleißig eingekocht worden war, begann im Herbst eine »zweite Einmachsaison«: wieder wurden Gläser aus dem Vorratsraum geholt, die Deckel und Gummiringe geprüft, alles heiß abgewaschen und so für den kommenden Früchtesegen vorbereitet.

Vor allem Birnen, Äpfel, späte Zwetschgen und auch einige Quitten und Brombeeren warteten jetzt darauf, geerntet und verarbeitet zu werden.

Ob leckere Kompotte, Dörrobst, Marmeladen, Gelees oder Säfte, die Vorratskammer war ein gewaltiger Schlund, der alles schluckte, um die Köstlichkeiten zu passender Zeit wieder herzugeben. War die Ernte besonders reichlich ausgefallen, wurde häufig auch Dörrobst zubereitet – eine gesunde Süßigkeit, die es anstatt der teuren Schokolade zu naschen gab.

Quittenkompott

Für ca. 4 Gläser (à 250 ml)
1 kg Quitten
ca. 500 g Zucker

Die Quitten mit einem trockenen Tuch abreiben, schälen, in Stücke schneiden und die Kerngehäuse entfernen. Die Schalen und Kerngehäuse in einen Topf geben, mit Wasser bedecken und etwa 30 Minuten kochen. Den Sud durch ein Sieb gießen und auffangen. Die Quittenstücke mit dem Sud aufkochen, dann bei geringer Hitze köcheln lassen, bis die Quitten knapp weich sind. Etwa 12 Stunden in dem Sud ziehen lassen. Danach 250 g Zucker auf einen Liter Sud dazugeben und alles erneut aufkochen. Das Kompott heiß in Gläser füllen und diese sofort verschließen.

Variation: *Ein Quittengelee bereitet man folgendermaßen zu: 750 ml Quittensaft mit dem Saft von 1 Zitrone, 500 ml trockenem Weißwein und 1,7 kg Gelierzucker unter Rühren aufkochen. Das Ganze etwa 4 Minuten sprudelnd kochen lassen. Abschäumen, das Gelee heiß in Gläser füllen und diese sofort verschließen. Ergibt 13 Gläser á ca. 225 ml.*

Dörrobst

Äpfel: Die Äpfel schälen, die Kerngehäuse ausstechen, das Fruchtfleisch in 1/2 cm dicke Scheiben schneiden und in Salzwasser legen (etwa 50 g Salz auf 4 l Wasser), bis alle Äpfel geschnitten sind. Dann herausnehmen, gründlich abtropfen lassen. Die trockenen Ringe nebeneinander auf den mit einem Tuch bedeckten Rost des Backofens legen. Bei 50 °C 10 bis 12 Stunden dörren. Die fertigen Apfelringe über Nacht auskühlen lassen, dann luftdicht verpackt lagern.

Birnen: Die Birnen schälen, in Viertel schneiden und entkernen. Die Birnenviertel in Salzwasser legen (50 g Salz auf 4 l Wasser), bis alle Birnen geschnitten sind. Dann herausnehmen, gründlich abtrop-

Eine alte und bewährte Methode, Obst länger haltbar zu machen, ist das Dörren.

fen lassen. Die trockenen Birnenviertel nebeneinander auf den mit einem Tuch bedeckten Rost des Backofens legen. Bei 50 °C 10 bis 12 Stunden dörren. Die fertigen Birnen über Nacht auskühlen lassen, dann luftdicht verpackt lagern.

Pflaumen und Zwetschgen: Die Früchte blank reiben, die Stiele entfernen, vorsichtig entsteinen. Auf dem Rost des Backofens die Früchte über der Fettpfanne erst bei 50 °C dörren; wenn sie zu schrumpeln beginnen, bei 70 °C nochmals 8 bis 10 Stunden dörren. Danach über Nacht auskühlen lassen, dann luftdicht verpackt lagern.

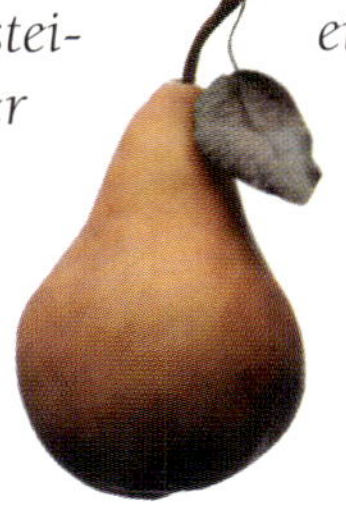

Aprikosen: Die Aprikosen halbieren, die Steine entfernen, die Früchte auf den Rost des Backofens legen. Bei 50 °C 8 bis 10 Stunden dörren. Danach über Nacht auskühlen lassen und luftdicht verpackt lagern.

Tipp: Beim Dörren von Obst die Backofentür immer einen Spaltbreit geöffnet halten, damit die Feuchtigkeit abziehen kann.

Hagebuttenmarmelade mit Rotwein

Für 7 Gläser (à ca. 250 ml)
750 g Hagebutten (entkernt gewogen)
0,7 l Rotwein
750 g Honig

Die Hagebutten von Blüten und Stielen befreien, aufschlitzen, die pelzigen Kerne sorgfältig herauskratzen. Die entkernten Hagebutten gründlich waschen, mit Küchenpapier trockentupfen, in ein großes Glas geben und mit dem Wein übergießen. Dann etwa 24 Stunden kühl gestellt ziehen lassen. Danach den Wein abgießen, auffangen und mit dem Honig unter Rühren zu dickflüssigem Sirup einkochen. Die Hagebutten durch ein Sieb streichen. Das Mus unter den Sirup rühren und nochmals aufkochen. Heiß in Gläser füllen und diese sofort verschließen.

Zwetschgenmus

Für 5 Gläser (à ca. 500 ml)
3 kg Spätzwetschgen
3 Zimtstangen
4 cl Zwetschgenwasser (Slibowitz)

Die Zwetschgen halbieren, entsteinen und in die Fettpfanne des Backofens geben. Etwa eine Stunde bei 200 °C backen, danach eine Stunde bei 160 °C eindicken lassen. Dann herausnehmen und in einen Topf füllen. Die Zwetschgenmasse pürieren, die Zimtstangen dazugeben und alles 2 Stunden bei geringer Hitze köcheln lassen, dabei öfter umrühren. Das Zwetschgenwasser in das heiße Mus rühren, die Zimtstangen entfernen, das Mus heiß in Gläser füllen und diese sofort verschließen.

Variation: Gleiche Mengen Mirabellen und Zwetschgen zu Mus verarbeiten.

Holundermarmelade mit Pflaumen

Für 4 Gläser (à ca. 250 ml)
250 g Pflaumen
750 g entstielte Holunderbeeren
500 g Puderzucker

Die Pflaumen entsteinen, das Fruchtfleisch in Viertel schneiden. Die Holunderbeeren in einer großen Schüssel mit den Pflaumen mischen und mit dem Puderzucker bestreuen. Über Nacht kühl gestellt ziehen lassen. Danach die Fruchtmasse in einem Topf bei mittlerer Hitze etwa 25 Minuten unter Rühren kochen, bis sie zäh ist. Kochend heiß in saubere Gläser füllen und diese sofort verschließen.

Johannisbeer-Früchte-Marmelade

Für 10 Gläser (à ca. 250 ml)
1 kg rote Johannisbeeren
500 g Pfirsiche, 500 g Aprikosen
1,75 kg Gelierzucker, 5 g Zitronensäure
1 Flasche flüssiges Geliermittel

Die Johannisbeeren waschen, abtropfen lassen, dann die Beeren von den Rispen streifen. In eine große Schüssel geben und mit einer Gabel leicht zerdrücken. Die Pfirsiche und die Aprikosen in eine Schüssel geben, mit kochendem Wasser überbrühen, häuten und entsteinen. Die Früchte in kleine Würfel schneiden und zu den Johannisbeeren geben. Mit dem Gelierzucker mischen. Die Schüssel abdecken und die Fruchtmischung kühl gestellt etwa 12 Stunden Saft ziehen lassen. Danach alles in einem großen Topf zusammen mit der Zitronensäure unter ständigem Rühren aufkochen. Wenn die Fruchtmasse aufkocht, das Geliermittel langsam einrühren und noch 5 Sekunden kochen lassen. Die Marmelade abschäumen, sofort in Gläser füllen und diese verschließen.

Vom Baum ins Einmachglas: Frische Pflaumen und Renekloden lassen sich zu einem vorzüglichen Kompott kombinieren.

Pflaumen-Renekloden-Kompott

Für 6 Gläser (à ca. 500 ml)
2 kg Pflaumen, 1 kg Renekloden
500 g Zucker
2 Stangen Zimt, 1 TL Gewürznelken
4 cl Slibowitz

Die Früchte waschen und entsteinen. 1 l Wasser mit dem Zucker, dem Zimt und den Nelken aufkochen. Die Früchte hineingeben und etwa 5 Minuten kochen. Den Schaum mit einer Schaumkelle abschöpfen. Den Slibowitz einrühren. Die Früchte in Einmachgläser füllen. Die Kochflüssigkeit zusammen mit den Nelken und den Zimtstangen auf die Gläser verteilen, diese verschließen und im Einkochtopf bei 80 °C etwa 30 Minuten einkochen.

Birnen in Rotwein

Für 2 Gläser (à ca. 750 ml)
1,2 kg nicht zu reife Birnen
4 EL Zitronensaft, 700 ml trockener Rotwein
150 g Zucker
1 Stange Zimt, 4 Gewürznelken
1 Normalflasche Einmachhilfe

Die Birnen halbieren, entkernen und schälen. Sofort mit Zitronensaft beträufeln, damit sie nicht braun werden. Den Rotwein mit 50 g Zucker, der Zimtstange und den Nelken erhitzen. Die Birnenhälften hineinlegen und kurz aufkochen. Dann etwa 6 bis 8 Minuten ziehen lassen. Den restlichen Zucker in den Sud streuen und gut verrühren. Die Einmachhilfe nach Gebrauchsanweisung einrühren, alles noch heiß in Gläser füllen und diese sofort verschließen.

Der Sirup ergibt mit Wasser vermischt ein erfrischendes Getränk und eignet sich pur hervorragend als Beilage zu Pfannkuchen.

Brombeersirup

Für 2 Flaschen (á ca. 750 ml)
2 kg Brombeeren
ca. 2 kg Zucker (je nach Saftmenge)
120 ml Zitronensaft

Die Brombeeren unter fließendem Wasser waschen, dann gut abtropfen lassen. Die Beeren entweder in einem Dampfentsafter entsaften oder durch ein feines Sieb streichen. Dazu die Beeren durch die feine Scheibe eines Fleischwolfes drehen, dann das Mus durch ein Sieb streichen. Den Saft in einem großen Glas oder Krug zwei Tage dunkel gestellt bei Zimmertemperatur stehen lassen. Danach die Haut von der Oberfläche entfernen. Den Saft durch einen Kaffeefilter gießen, das Papier öfter ersetzen. Die Saftmenge abmessen. Pro Liter Saft 1,5 kg Zucker, 200 ml Wasser sowie 60 ml Zitronensaft unter Rühren aufkochen. Den Brombeersaft dazugießen und 2 bis 3 Minuten bei geringer Hitze köcheln lassen. Mehrmals abschäumen und gut verrühren, dabei sirupartig einkochen lassen. Den fertigen Sirup in Flaschen füllen, diese sofort verschließen.

Tipp: Aus dem Brombeersaft lässt sich unter Zugabe von Gelierzucker auch köstliches Gelee herstellen. Dafür auf 1 l Saft 1 kg Zucker geben, erhitzen, gut verrühren und kochend heiß in Gläser füllen. Diese sofort verschließen.

Die Beeren des Wacholderstrauchs sind als Gewürz und Magenmittel bekannt.

Nachdem die Wacholderbeeren ihre dunkle Farbe angenommen und den ersten Frost bekommen hatten, zog die Familie aus, um Beeren zu sammeln. Diese wurden verlesen, gut abgespült und auf einem Leinentuch ausgebreitet an der Sonne getrocknet. Kamen einmal Regenwolken auf, wurde das Tuch rasch hereingeholt, um bei den ersten Sonnenstrahlen erneut auf dem Rasen ausgebreitet zu werden. Die Beeren wurden als Gewürz zum Kochen, aber auch für Essig und Öl als Würze verwendet. Überhaupt, die Zubereitung von Essig schien ein besonderes Steckenpferd in unserem Haus gewesen zu sein. Mutter behauptete stets, dass kein gekauftes Öl und kein Essig so fein sind, wie Selbstgemachtes. Und heute, nachdem ich ihre Rezepte selber ausprobiert habe, muss ich sagen: Recht hatte sie!

Knoblauch-Rotwein-Essig

je 1 Zweig Basilikum,
Estragon und Zitronenmelisse
6 Knoblauchzehen, 1 Lorbeerblatt
1 EL grob zerstoßene schwarze Pfefferkörner
100 g Essig-Essenz (25 %)
½ l kräftiger Rotwein

Die 1 bis 2 Tage angetrockneten Kräuter mit den geschälten und halbierten Knoblauchzehen in eine weithalsige Flasche geben. Das Lorbeerblatt, den Pfeffer, die Essig-Essenz und den Wein dazugeben. Die Flasche verschließen und etwa 3 Wochen ziehen lassen. Danach den Essig durch ein Sieb gießen und in Flaschen füllen, luftdicht verschließen.

Tipp: *Ein Essig für alle grünen Salate und für Fleischmarinaden (Lamm und Rind).*

Wacholderessig

1 Bund Pimpinelle, 2 Zweige Estragon
2 EL Wacholderbeeren, 1 l Weißweinessig

Die verlesenen Kräuter ungewaschen mit den Wacholderbeeren und dem Weißweinessig in eine Flasche füllen. Diese verschließen. Den Essig mindestens 4 Wochen ziehen lassen. Danach durch einen Kaffeefilter gießen und in eine Flasche füllen.

Tipps: *Werden Kräuter aus dem eigenen Garten verwendet, sollten diese am Morgen, nach dem Abtrocknen des Taus, geschnitten werden. Sie dürfen noch nicht blühen, denn dadurch verlieren sie das Aroma.*

Wacholderessig eignet sich zum Würzen von Wildsaucen, feinen Buttersaucen, Sauce Béarnaise, außerdem für Fleischsalate mit dunklem Fleisch und zum Marinieren von Fleisch vor dem Braten oder Grillen.

Eingelegte Edelpilze (hinten) können beispielsweise zum Verfeinern von dunklen Saucen verwendet werden, das Steinpilzöl (vorne) würzt Salate.

Steinpilzöl

20 g getrocknete Steinpilze
100 ml kräftiger Portwein
2 Zweige Basilikum
½ Olivenöl

Die Steinpilze in dem Portwein etwa 3 Stunden einweichen, dann herausnehmen, abtropfen lassen und trockentupfen. Danach mit dem Basilikum in eine Flasche geben. Mit dem Öl übergießen, die Flasche verschließen. Das Öl etwa 14 Tage durchziehen lassen, danach durch einen Kaffeefilter gießen. Kühl aufbewahrt ist das Öl etwa 6 Wochen haltbar.

Eingelegte Edelpilze

1 kg frische Steinpilze
jodiertes Salz
¾ l Weißweinessig
3 Lorbeerblätter
15 Pfefferkörner
3 EL Zucker
100 ml Olivenöl

Die Steinpilze gründlich verlesen und säubern, dann in Stücke schneiden, in nicht zuviel leicht gesalzenem Wasser etwa 2 Stunden kochen. Danach gut abtropfen lassen. Den Essig mit den Lorbeerblättern, den Pfefferkörnern und dem Zucker aufkochen. Die Pilze in ein Glas geben, den heißen Essig darüber gießen und das Glas fest verschließen. Vor dem Verzehr mindestens zwei Monate ziehen lassen. Die Pilze halten jahrelang.

Tipp: Nach diesem Rezept können auch andere Wildpilze und sogar Kulturpilze zubereitet werden. Eine ideale Beilage zu Fleisch- und Fischgerichten, Salaten und Fondues, oder mit Toastbrot und Butter als Imbiss zwischendurch.

Im September sollte man es nicht versäumen, bei einem Waldspaziergang nach Steinpilzen Ausschau zu halten.

Ein Höhepunkt im Herbst waren für mich die Ausflüge in den Wald, bei denen Pilze gesammelt wurden. In den lichten Wäldern fanden wir die ersten Pfifferlinge sowie Birken- und Butterpilze. Die schönsten Exemplare, die in unsere Sammelkörbe wanderten, wurden sofort nach der Rückkehr nach Hause in Scheiben geschnitten und in Butter gebraten. Die weniger ansehnlichen Pilze wurden trocken abgerieben, von Blätterresten und Tannennadeln befreit, dann in kleine Stücke geschnitten und auf einem großen Leinentuch zum Trocknen in die Sonne gelegt.

Fiel die Ernte besonders reichlich aus, wurden auch große Pilze gereinigt und dann am Stiel mit einer Nadel durchstochen und an einem kräftigem Faden aufgehängt. Danach wurden sie auf dem Dachboden getrocknet.

***Tipp:** Getrocknete Pilze sind ein hervorragender Ersatz für frische, da sie fast genauso aromatisch sind. Nachdem man Trockenpilze für etwa ½ Stunde eingeweicht und gut ausgedrückt hat, kann man sie wie frische weiter verarbeiten.*

Früher wurde ein Teil der Gemüseernte in Kisten mit Sand eingelagert, um auch im Winter die Mahlzeiten abwechslungsreich gestalten zu können.

Im Herbst waren auch die im Garten angebauten Gurken erntereif. Schnell wurden sie gepflückt, um dann in Gläsern zu verschwinden. Die Kartoffelkiste im Keller wurde mit heißem Essigwasser gereinigt, um auch die letzten Schimmelpilze zu vertreiben, und die Gemüsekiste wurde mit frischem Sand gefüllt. Er wurde mehrfach mit Wasser übergossen und so vom Schmutz gesäubert. Wenn dann im Winter die in der Kiste eingelagerten Möhren, frische Kohlköpfe und manch anderes mehr herausgeholt und zubereitet wurde, waren wir doch recht stolz auf unsere Vorarbeit. Wichtig bei der Einlagerung war, dass die Kiste kühl stand, der Sand leicht feucht, aber nicht nass war. Außerdem durfte das in dem Sand »vergrabene« Gemüse keinerlei Schadstellen aufweisen, damit nichts faulen konnte. Und so blieb das Gemüse über Monate hinweg fast »erntefrisch«.

Besonders erstaunlich scheint mir heute, in einer Zeit, in der das Einlagern von Gemüse, das Einkochen, Trocknen und Dörren aus der Mode gekommen ist, mit welcher Umsicht und welchen einfachen Mitteln vor wenigen Jahrzehnten sparsam und dennoch effektiv gewirtschaftet wurde.

Gurken lassen sich im Garten ohne viel Aufwand selber ziehen.

Eingelegte Pfeffergurken

Für 8 Gläser (à ca. 500 ml)
2,5 kg kleine Gurken, 250 g jodiertes Salz
¾ l Weißweinessig, 2 Zwiebeln
3 EL schwarze Pfefferkörner
1 EL Senfkörner, 1 Zweig Estragon

Die Gurken abtropfen lassen, mit dem Salz vermengen und 12 Stunden ziehen lassen. Die Gurken gut abtropfen lassen. Den Weinessig aufkochen und abkühlen lassen. Die Zwiebeln in Scheiben schneiden und mit den Gurken in einen Topf legen, den Essig darüber gießen. 12 Stunden ziehen lassen. Den Essig von den Gurken abgießen, nochmals aufkochen und heiß über die Gurken füllen. Nach 3 bis 4 Tagen die Gurken mit dem Essig und den Gewürzen aufkochen, in Gläser füllen – der Essig muss die Gurken gut bedecken – und diese verschließen.

Essiggurken

Für 8 Gläser (à ca. 500 ml)
2,5 kg kleine Gurken, 150 g Salz
3 große Zwiebeln, 2 Knoblauchzehen
3 EL Senfkörner, 1 EL schwarze Pfefferkörner
einige Dillblüten, 200 g Zucker
¾ l Weißweinessig, 1 TL Salz

Die Gurken waschen und in eine große Schüssel legen. Das Salz in 2 l Wasser auflösen, die Gurken damit übergießen und das Ganze kühl gestellt etwa 24 Stunden ziehen lassen. Die Gurken gründlich abbürsten und trockenreiben. Die Zwiebeln und den Knoblauch schälen, in dünne Scheiben schneiden. Gurken, Zwiebeln, Knoblauch, Senf- und Pfefferkörner sowie Dillblüten in Gläser füllen. ¾ l Wasser mit Zucker, Essig und Salz aufkochen, dann abkühlen lassen. Die Gläser mit dem Sud auffüllen und verschließen. Im Wasserbad bei 80 °C etwa ½ Stunde einkochen.

Eingelegtes buntes Gemüse

Für 4 Gläser (à ca. 1 Liter)
500 g Karotten
250 g grüne Bohnen
500 g Staudensellerie
2 mittelgroße Fenchelknollen
2 rote Paprikaschoten
1 Bund Frühlingszwiebeln
130 g Salz
¾ l Kräuteressig
2 EL Senfkörner
40 g Ingwerknolle
2 kleine Lorbeerblätter
3–4 EL flüssiger Süßstoff

Alle Gemüsesorten waschen und putzen. Die Karotten vierteln. Den Sellerie und die Frühlingszwiebeln in Stücke, den Fenchel in Scheiben, die Paprikaschoten in Streifen schneiden. 2 l Wasser aufkochen. Etwa 120 g Salz hinzufügen und das Gemüse nacheinander darin bissfest garen, dann herausnehmen und abtropfen lassen. Den Essig mit ½ l Wasser, dem restlichen Salz, den Senfkörnern, dem Ingwer, den Lorbeerblättern und dem Süßstoff aufkochen.

Das Gemüse abwechselnd in Einmachgläser schichten, den Sud darüber gießen und die Gläser verschließen. Das Ganze über Nacht durchziehen lassen. Am nächsten Tag die Flüssigkeit aus den Gläsern in einen Topf abgießen, diese nochmals erhitzen und wieder über das Gemüse gießen. Die Gläser sofort verschließen und an einem kühlen, dunklen Ort aufbewahren.

Tipp: *Nach dem Rezept können auch grüne Bohnen, junge Erbsenschoten, Blumenkohl oder jedes andere Gemüse eingelegt werden. Die Gewürze können je nach Geschmack abgewandelt werden, um besondere Variationen zu erreichen. Zum Beispiel durch die Zugabe von 1–2 Knoblauchzehen, etwas Koriander, kleinen Zwiebeln usw. sind originelle Kompositionen leicht zu machen.*

Kürbis süßsauer

Für 4 Gläser (à ca. 1 Liter)
1 kg Kürbisfleisch
1 kg Zucker
30 Gewürznelken, 1 Stange Zimt
1 l Weißwein-Essig

Das Fruchtfleisch in Würfel schneiden und in einen großen Kochtopf füllen. Den Zucker, die Gewürznelken und den Zimt dazugeben. Mit dem Essig auffüllen, bis alles bedeckt ist. So lange kochen, bis die Kürbisstücke glasig sind. Danach heiß in Gläser füllen, diese sofort verschließen.

Tipp: *Nach dem gleichen Rezept können auch größere Kürbismengen verarbeitet werden, die Zutatenmengen entsprechend dem Kürbisfleischgewicht verdoppeln, verdreifachen usw.*

Eingelegter Weißkohl

Für 2 Gläser (à ca. 1 Liter)
1 mittelgroßer Weißkohl
12 Knoblauchzehen
1 EL Salz
1 l Weißweinessig
4 kleine Lorbeerblätter

Vom Weißkohl die äußeren Blätter entfernen. Den Kopf in 4 Stücke teilen, den Strunk entfernen und den Kohl in feine Streifen schneiden. Die Knoblauchzehen schälen, mit dem Salz in einem Mörser zerstoßen, dann mit dem Essig vermischen. Die Kohlstreifen in die Gläser pressen, jeweils die Hälfte der Essigmischung, 2 Lorbeerblätter und soviel Wasser dazugeben, bis der Kohl bedeckt ist. Die Gläser verschließen. Den Weißkohl an einem kühlen, dunklen Platz 4 bis 5 Tage ziehen lassen. Danach kühl aufbewahren.

Tipp: *Eingelegter Weißkohl passt gut zu knusprig gebratenen Hackfleischbällchen.*

Pur oder als Beilage einfach köstlich: eingelegter Weißkohl oder milchsaure rote Bete.

Milchsaure rote Bete

Für 2 Gläser (à ca. 750 ml)
700 g rote Bete
2 Zwiebeln
1 TL Kümmel
1 Lorbeerblatt
¼ TL Dillsamen
einige Estragonblätter
jodiertes Salz

Die rote Bete gründlich waschen, abbürsten, die harten Stellen abschälen, dann in dünne Scheiben schneiden. Zusammen mit den in Ringe geschnittenen Zwiebeln und den Gewürzen in ein Glas schichten, dabei etwas zusammendrücken. Das Glas zu drei Vierteln füllen. Soviel Wasser mit 20 g Salz pro Liter aufkochen, dass die Scheiben damit bedeckt werden. Das Salzwasser darauf gießen und das Gefäß fest verschließen. Das Ganze dunkel gestellt bei Zimmertemperatur etwa eine Woche gären lassen. Dann kühl stellen. Nach etwa 3 Wochen ist die rote Bete verzehrfertig.

***Tipp:** Milchsauer eingelegte rote Bete sollte nicht zu lange aufbewahrt werden, da sie nachsäuert. Besser alle paar Wochen nach Bedarf neu ansetzen.*

Ungleich pikanter als industriell hergestellter Senf schmeckt dieser selbstgemachte Würzsenf.

Feiner Würzsenf

4 mittelgroße Zwiebeln, 4 Knoblauchzehen
5 kleine getrocknete Lorbeerblätter
1 l Weißweinessig
250 g braunes Senfmehl
250 g gelbes Senfmehl
180 g Zucker
1 TL Nelkenpulver, 1 TL Zimtpulver
1 Msp. Kardamompulver

Die Zwiebeln und die Knoblauchzehen schälen und grob hacken. Die Lorbeerblätter zerbröseln. Den Essig in einem Topf erhitzen und die Zwiebel- und Knoblauchwürfel sowie die Lorbeerblätter hinzugeben und aufkochen. Etwa 10 Minuten kochen lassen, dann den Sud durch ein feines Sieb gießen, die Flüssigkeit auffangen. Die beiden Senfmehle miteinander mischen und in kleinen Portionen unter den Essigsud rühren, bis eine dickliche Masse entstanden ist. Danach den Zucker, das Nelken- und Zimtpulver in den Senf rühren. Nach Geschmack mit etwas Kardamompulver abschmecken. Den Senf in kleine, verschließbare Gläser füllen. Im Kühlschrank bleibt der Senf über Monate frisch.

Feiner süßer Senf

300 g gelbes Senfmehl
1 TL schwarzer Pfeffer
½ TL gemahlener Piment
375 ml Weißweinessig
300 g Rohzucker
1 TL Salz

Die Gewürzmehle mit dem Zucker gut vermischen. Den Weißweinessig aufkochen und noch heiß unter ständigem Rühren unter die Würzmischung geben. Wenn die Masse geschmeidig ist, mit Salz abschmecken. Danach in kleine Töpfchen oder Gläser mit Deckel füllen. Im Kühlschrank aufbewahren.

Wacholderaperitif

30 g frische Wacholderbeeren
3–4 kleine Wacholderzweige
0,7 l trockener Weißwein
5 EL Zucker

Alle Zutaten in eine große Flasche geben und diese verschließen. Eine Woche ruhen lassen, dann durch einen Kaffeefilter gießen und in Flaschen füllen. Diese gut verschließen

Die Beeren des schwarzen Holunders lassen sich zu einem vitaminreichen Saft verarbeiten.

Holundersaft

Für 2 Flaschen (à ca. 700 ml)
1 kg entstielte Holunderbeeren
250 g Zucker, 1 Msp. gemahlener Zimt

Die Holunderbeeren durch ein Sieb streichen. Den abgesetzten Saft mit dem Zucker und dem Zimt einige Minuten unter ständigem Rühren kochen, dabei öfter abschäumen. Den heißen Saft in Flaschen füllen, diese sofort verschließen.

Tipps: *Der Saft kann vor dem Gebrauch beliebig verdünnt werden. Holundersaft ist ein altbewährtes Hausmittel bei Erkältungen. Zur Herstellung größerer Mengen empfiehlt sich die Benutzung eines Dampfentsafters.*

Holunderlikör

Für 7 Flaschen (à ca. 700 ml)
2½ l Holunderbeersaft
1,5 kg Zucker
1 Vanillestange
1 Stange Zimt
6 EL Zitronensaft
54%iger Rum

Den Saft mit dem Zucker, der in Stücke geschnittenen Vanilleschote und dem Zimt aufkochen. Den Zitronensaft dazugeben. Den Sud in ein großes Gefäß gießen und erkalten lassen. Danach mit dem Rum vermischen. Den Likör durch einen Kaffeefilter gießen und in Flaschen füllen. Diese fest verschließen.

Tipp: *Holunderlikör kann auch heiß mit etwas Wasser verdünnt als Holundergrog getrunken werden. Ein altes Hausmittel gegen Husten, Heiserkeit und Unwohlsein.*

Holundergelee

Für 9 Gläser (à ca. 225 ml)
650 ml Holunderbeersaft
250 ml Apfelsaft
Saft von 1 Zitrone
1 kg Gelierzucker
4 cl Apfelkorn

Den Holunder-, Apfel- und Zitronensaft zusammen mit dem Gelierzucker in einem Topf unter ständigem Rühren zum Kochen bringen. Alles sprudelnd kochen lassen, bis der Zucker gelöst ist und die Gelierprobe gelingt. Den Schaum abschöpfen und den Apfelkorn darunter rühren. Das Gelee in Gläser füllen und diese sofort verschließen.

Der Herbst geht seinem Ende entgegen: Raureif überzieht die Äste und die verbliebenen Früchte.

Wenn die Tage deutlich kürzer wurden und es öfter Frost gab, der den Bäumen ihr buntes Herbstkleid nahm, und wir das Haus nicht mehr ohne Handschuhe verließen, war allen klar: langsam, aber sicher gingen wir auf den Winter zu. Die Hühnerschar durfte tagsüber im Garten umherstreunen und auch die ansonsten sorgsam gehegten Beete des Gemüsegartens visitieren. Dort fanden sie manchen Wurm und manche Larve, die im nächsten Jahr für »Unheil« hätten sorgen können.

Im Vorratsraum im Keller standen die Gläser mit Eingemachtem bereits wieder hoch getürmt in den Regalen. Getrocknete Kräuterbündel hingen von der Decke herab und verbreiteten einen zarten Duft von frischem Heu. Voller Stolz zählte Mutter die gefüllten Gläser und vermerkte das Ergebnis in ihrem Haushaltsbuch. Die Gläser und irdenen Gefäße, die noch auf ihre Füllung warteten, standen auf dem Tisch der Waschküche aufgereiht, fein säuberlich nach Größen sortiert.

In Erinnerung ist mir auch geblieben, dass Mutter im Sommer voll erblühte Rosen abschnitt und die Blütenblätter trocknete. Diese wurden auf kleine Schälchen verteilt und verströmten ihren einmaligen Duft. Auch Vater erhielt von diesen getrockneten Blüten einen Anteil. Fein gerebelt wurden die Blätter unter den Tabak gemischt, um die selbstgedrehten Zigaretten aromatischer zu machen. Eine Tradition, die heute nahezu in Vergessenheit geraten ist.

Um Geld zu sparen, wurden zu Hause auch keine Kapern gekauft. Diese waren damals teuer. Als Ersatz wurden die Blütenknospen der Kapuzinerkresse gesammelt und in Salzlake eingelegt. Verwendet wurden ausschließlich die kleinen Knospen, die, so meine Mutter, noch würziger und feiner im Geschmack waren als die echten Kapern. Zu den zahlreichen überlieferten »Tricks« in der häuslichen Küche gehörten auch ganz einfache Dinge mit viel Effekt: Im Sommer wurden die Blüten der leuchtend gelben Ringelblumen, die die Beetränder der Beerensträucher üppig zierten, geerntet und getrocknet. Erst wurden die Blüten gewaschen, dann die Blütenblätter von den Kelchen abgezupft. Auf kleinen Leinentüchern ausgebreitet lagen sie teilweise tagelang in der Sonne, ohne an Farbe zu verlieren. Wenn sie ganz trocken waren, wurden die Blättchen in kleine dunkle Gläser gefüllt. Im Winter wurden Suppen und Saucen mit den zerriebenen Blütenblättern ›eingefärbt‹, um diesen ein appetitlicheres Aussehen zu geben. Hin und wieder nahm Mutter auch einige Handvoll frischer Blütenblätter, um diese unter die Gelees zu mischen.

Jedes Jahr wurde auch Lavendel, der am Rand der Rosenbeete wuchs, geerntet. Die Zweige des kleinen Strauches wurden abgeschnitten, getrocknet und dann grob zerrieben. In kleine Beutel gefüllt und in Kleiderschränke, Truhen und Kommoden gelegt, verbreiteten sie auch im Winter den herrlichen Duft des Sommers.

Eine gute Hautverträglichkeit und eine natürliche Wirksamkeit haben diese Kosmetika aus eigener Herstellung: Augenfältchenöl (links) und Anti-Fältchen-Öl (rechts).

Anti-Fältchen-Öl

100 ml Avocadoöl (Apotheke)
3 Tropfen Rosenöl

Alle Zutaten sind der Apotheke erhältlich. Die beiden Öle miteinander vermischen und in dekorative Fläschchen füllen. Das Öl vor dem Schlafengehen großzügig auf die Halspartie auftragen, leicht einmassieren. Den Hals mit Kosmetiktüchern bedecken und mit einem Schal umwickeln. So wirkt das Öl die ganze Nacht. Zwei- bis dreimal pro Woche wiederholen.

Augenfältchenöl

1,5 g Kakaobutter
3 g Lanolin
15 g Avocadoöl
1 Tropfen Orangenblütenöl

Alle Zutaten sind in Apotheken erhältlich. Die Kakaobutter in einer kleinen Schüssel über kochendem Wasserbad schmelzen. Das Lanolin, dann das Avocadoöl dazugeben und bis zum Erkalten gut verrühren. Danach das Orangenblütenöl darunter rühren. Dann in eine kleine Flasche füllen. Das Öl abends mit den Fingerkuppen um die Augen herum einmassieren.

Winter

»Es schneit, es schneit, der erste Schnee ist da!« Fröhlich und ausgelassen begrüßen vor allem die Kinder die ersten Schneeflocken, die Wald und Garten nach und nach in eine zarte, weiße Märchenlandschaft verwandeln. Endlich kann der Schlitten wieder aus dem Keller hervorgeholt und so manche wilde Schneeballschlacht veranstaltet werden. Wohl dem, der im Herbst Vorsorge für die kalte Jahreszeit getroffen hat, denn in der Küche gilt es nun, auf Eingemachtes zurückzugreifen. Vor allen Dingen aber sollte man sich angesichts der herannahenden Weihnachtszeit dem Backen von Kuchen und Plätzchen widmen.

Wenn's draußen richtig kalt ist, freut man sich auf einen warmen Tee und deftige Gerichte.

**»Novemberschnee, der nur drei Tage liegt
und wieder im Sonnenschein verfliegt,
dem Feld fast so viel Nutzen bringt,
als wenn der Bauer nochmals düngt.«**

Wenn die letzten Äpfel vor dem ersten Frost geerntet und die Blätter fast vollständig von den Bäumen gefallen waren, stand für uns Kinder der Winter vor der Tür. Untrügliches Zeichen war die Zubereitung von herrlich duftenden Bratäpfeln, die es jetzt sonntags gab. Das ganze Haus war von diesem köstlichen Duft erfüllt, und wir konnten es kaum erwarten, dass die Früchte, meist mit Marmelade gefüllt, endlich auf den Tisch kamen. Und da Bratäpfel bei der ganzen Familie zu den Lieblingsgerichten gehörten, ersann Mutter immer neue Varianten der Zubereitung.

Nach einem Winterspaziergang schmecken die heißen Bratäpfel besonders lecker.

Bratäpfel

4 große, säuerliche Äpfel (z.B. Boskop)
12 Stück Würfelzucker
30 g Mandelblättchen, 30 g Sultaninen
4 TL Himbeermarmelade, 1 EL Rum
2 EL Butter

Aus den Äpfeln die Kerngehäuse ausstechen. Je ein Stück Würfelzucker in die Äpfel stecken. Die Mandelblättchen mit den Sultaninen, der Marmelade und dem Rum mischen. Die Äpfel mit der Masse füllen. Je Apfel zwei Zuckerstücke obenauf legen. Den Backofen auf 200 °C vorheizen. Eine Auflaufform mit etwas Butter ausfetten. Die Äpfel hineinsetzen. Die übrige Butter in Flöckchen auf die Äpfel setzen. Die Äpfel im Backofen auf der mittleren Einschubleiste bei 200 °C etwa 30 Minuten backen.

***Tipp:** Dazu passt warme oder kalte Vanille- und Schokoladensauce.*

Bratäpfel mit Haube

4 Cox-Orange-Äpfel
1 EL Zucker, 1 Vanilleschote, 1 EL Butter
4 Stück Würfelzucker
4 EL Preiselbeerkompott
2 Eiweiß, 8 EL Zucker
4 TL Krokant (Fertigprodukt)

Die Kerngehäuse aus den Äpfeln stechen. 250 ml Wasser mit dem Zucker und der der Länge nach halbierten Vanilleschote erhitzen. Die Äpfel darin 10 Minuten dünsten, dann herausnehmen und abtropfen lassen. Eine Auflaufform mit der Butter ausfetten. Je ein Stück Würfelzucker in die Höhlung stecken und die Äpfel in die Auflaufform setzen. Mit dem Kompott füllen. Die Eiweiß mit dem Zucker steif schlagen und auf jeden Apfel eine Haube setzen. Mit Krokant bestreuen und unter dem Grill des Backofens überbräunen.

Diesem einfachen und wohlschmeckendem Gericht verleihen die Backpflaumen einen besonderen Geschmack.

Brotsuppe mit Backpflaumen

250 g Schwarzbrot
250 g Weißbrot
125 g entsteinte Backpflaumen
1 TL jodiertes Salz
2 l Vollmilch
3 EL Zucker

Das Brot entrinden, dann in Würfel schneiden. Die Backpflaumen halbieren. Beides mit 1 l Wasser in einem Kochtopf 2 bis 3 Stunden einweichen. Danach aufkochen, das Salz dazugeben und bei geringer Hitze etwa 20 Minuten ziehen lassen. Dann die Milch dazugeben, erwärmen und die Suppe mit dem Zucker abschmecken.

Grünkohl und süße Röstkartoffeln

Für 6 Personen
2 kg frischer Grünkohl, nach dem ersten Frost geerntet
1 große Gemüsezwiebel
100 g Schweineschmalz
5 EL Haferflocken
jodiertes Salz
¾ l Fleischbrühe
800 g kleine runde Kartoffeln
500 g geräucherte Kochwurst im Naturdarm
1 EL Puderzucker, 2 EL Pflanzenöl
schwarzer Pfeffer
1 EL Zucker
1 Msp. geriebene Muskatnuss

Vom Grünkohl die Stiele und Strünke abschneiden, die Blätter waschen und grob hacken. Die Zwiebel schälen und fein hacken. Das Schmalz in einem großen Topf erhitzen, die Zwiebelwürfel darin bei mittlerer Hitze unter Rühren glasig dünsten, dann den Grünkohl dazugeben. Die Haferflocken, Salz und die Brühe dazugeben und 30 Minuten zugedeckt bei geringer Hitze unter gelegentlichem Rühren dünsten. In der Zwischenzeit die Kartoffeln in der Schale in Salzwasser garen, pellen und abkühlen lassen. Die Würste auf den Grünkohl legen und alles weitere 30 Minuten auf kleiner Flamme unter gelegentlichem Umrühren köcheln lassen. Etwa 15 Minuten vor Ende der Garzeit die Kartoffeln in Scheiben schneiden. Eine Pfanne erhitzen, den Puderzucker einstreuen und karamellisieren lassen. Das Öl dazugießen, umrühren und die Kartoffeln darin anbraten. Mit Salz, Pfeffer, Zucker und Muskat abschmecken. Den Kohl ebenfalls mit Salz, Pfeffer, Zucker und Muskat abschmecken. Mit den Kartoffeln und jeweils einer Wurst anrichten.

Variation: *Außer den Würsten können auch Kasseler Koteletts, geräucherte Schweinebacke und einige Kochbirnen als Beilagen mitgekocht werden.*

Das milde Winterlicht und der Raureif verzaubern den Wald.

Hackfleischpastete

200 g Kalbshals ohne Knochen
200 g Schweineschulter ohne Schwarte und Knochen
200 g Schweinebauch
100 g roher Rückenspeck
1 altbackenes Brötchen
2 Eier
1 Bund Petersilie
jodiertes Salz
1 TL weißer Pfeffer
1 Msp. gemahlener Piment
1 Msp. geriebene Muskatnuss
2 TL gerebelter Thymian
200 g frische Champignons
300 g Räucherspeck in dünnen Scheiben

Das Fleisch und den Speck in Stücke schneiden. Das Brötchen in warmem Wasser einweichen, dann gut ausdrücken. Das Fleisch und das Brötchen durch die feine Scheibe eines Fleischwolfes drehen, dann die Eier unterkneten. Die Petersilie waschen, trockenschütteln und die Blättchen fein hacken. Mit Salz, Pfeffer, Piment und Muskat sowie dem Thymian und der Petersilie würzen. Alles gut verkneten und noch einmal durch den Wolf drehen. Die Champignons putzen, fein hacken und unter die Fleischmasse kneten. Den Backofen auf 180 °C vorheizen. Eine Form von ca. 1,5 l Inhalt mit dem Räucherspeck auslegen. Die Fleischmasse in die Form füllen. Die Oberfläche glatt streichen und mit den restlichen Räucherspeckscheiben belegen. Die Pastete auf der mittleren Einschubleiste des Backofens etwa 1 Stunde backen. Danach gut auskühlen lassen.

Griebenschmalz

500 g Schweineflomen
500 g frischer (grüner) fetter Bauchspeck
4 Wacholderbeeren
2 Nelken
4 Zwiebeln
4 säuerliche Äpfel
jodiertes Salz
weißer Pfeffer

Den Flomen in lauwarmem Wasser gründlich waschen, dann abtropfen lassen und trockentupfen. Den Flomen und den Speck in kleine Würfel schneiden. Flomen und Speck mit den Gewürzen in einem Topf aufsetzen und bei mittlerer Hitze ausbraten. Die Zwiebeln schälen und fein reiben, die Äpfel schälen und fein würfeln. Sobald die Grieben (Grammeln) im Topf glasig werden, die Gewürze mit einer Schaumkelle herausnehmen. Wenn die Grieben gelb werden, die Zwiebeln und die Äpfel in kleinen Portionen dazugeben. Das flüssige Schmalz mit etwas Salz und Pfeffer würzen. Unter Rühren weiterkochen lassen, bis die Grieben, Zwiebeln und Äpfel braun sind. Das Schmalz noch heiß in kleine Schüsseln oder Steinguttöpfchen füllen.

Diese nach bewährtem Rezept hergestellte Hackfleischpastete eignet sich auch zum Verschenken.

Für Freunde des Deftigen ist Griebenschmalz ein vorzüglicher Brotaufstrich.

Der Früchtekuchen kann vier Wochen aufbewahrt werden.

Englischer Früchtekuchen

125 g entsteinte Datteln
200 g gemischte kandierte Früchte
100 g Orangeat und Zitronat
250 g Rosinen
125 g gemischtes Trockenobst
200 ml Jamaica-Rum (42 % Vol.)
70g Butter, 4 Eier, 125 g Farinzucker
1 EL Heidehonig
125 g Weizenmehl
150 g gemischte Nusskerne
½ TL jodiertes Salz
1 TL gemahlener Zimt
1 Msp. geriebene Muskatnuss
1 P. Backpulver
1 EL Butter für die Form

Die Datteln halbieren. Die kandierten Früchte, das Orangeat und Zitronat sehr fein hacken. Zusammen mit den Rosinen und dem fein gehackten Trockenobst etwa 8 Stunden in dem Rum einweichen. Die Butter mit den Eiern und dem Zucker schaumig rühren. Dann den Honig und die Rumfrüchte darunterrühren. Das Mehl mit den Nusskernen, dem Salz, dem Zimt, etwas Muskat und dem Backpulver mischen, dann mit den übrigen Zutaten gut verrühren. Anschließend den Backofen auf 180 °C vorheizen. Eine Kastenform von etwa 25 cm Länge mit der Butter ausstreichen, den Teig hineingeben und im Backofen bei 180 °C etwa 25 Minuten backen. Danach auf 150 °C herunterschalten und weitere 30 Minuten backen. Die Hitze erneut herunterschalten und den Kuchen bei 130 °C 1 Stunde backen. Während dieser Backzeit die Form mit Alufolie bedecken. Den fertigen Kuchen aus der Form auf ein Kuchengitter stürzen und gut auskühlen lassen. In Folie eingeschlagen aufbewahren. Der Kuchen bleibt etwa 4 Wochen frisch.

Traditionelles für die adventliche Kaffeetafel: Sirupkuchen (oben) und Gewürzkuchen (unten).

Sirupkuchen

1 kg Rübensirup
125 g Schmalz
1 EL Pottasche
1 kg Mehl
125 g Zucker
125 g geriebene Mandeln
je ¼ TL gemahlene Nelken, Zimt und Kardamom
1 EL abgeriebene Schale von einer unbehandelten Zitrone
1 EL Margarine

Den Sirup mit dem Schmalz in einem hohen Topf aufkochen, dann die Pottasche hinzufügen. Die Sirupmasse in eine große Schüssel gießen. Das Mehl, den Zucker, die Mandeln, das Nelken-, Zimt- und Kardamompulver sowie die Zitronenschale darunter rühren. Den Teig etwa 8 Tage zugedeckt bei Zimmertemperatur ruhen lassen. Die lange Ruhezeit ist nötig, damit die Pottasche als Triebmittel den schweren Teig aufgehen lässt. Den Backofen auf 180 °C vorheizen. Ein Backblech mit der Margarine fetten. Den Teig gleichmäßig darauf streichen. Auf der mittleren Einschubleiste 30 bis 40 Minuten backen. In Rauten geschnitten servieren.

Tipp: Der Kuchen kann nach dem Backen mit Zuckerguss überzogen werden.

Gewürzkuchen

125 g Butter
250 g Zucker
4 Eier
2 EL Kakaopulver
1 P. Lebkuchengewürz
500 g Sahne-Dickmilch
1 TL Backpulver
½ P. Hirschhornsalz
500 g Mehl
1 EL Margarine

Für den Guss:
4 EL Zitronensaft
100 g Puderzucker

Die Butter mit dem Zucker schaumig rühren, die Eier hinzufügen. Weiterrühren bis eine glatte, lockere Masse entstanden ist. Dann den Kakao, das Lebkuchengewürz und die Dickmilch unterrühren. Das Mehl mit dem Backpulver und dem Hirschhornsalz mischen und unter die Masse rühren. Den Backofen auf 200 °C vorheizen. Ein Backblech mit der Margarine fetten. Den Teig darauf streichen. Im Backofen bei 200 °C etwa 20 Minuten backen. Den Zitronensaft mit dem Puderzucker verrühren und auf den fertig gebackenen, noch heißen Kuchen streichen. Den Kuchen in Stücke teilen.

Tipp: Der Gewürzkuchen schmeckt ofenwarm genauso gut wie bereits abgekühlt.

ZASSE

Rumrosinen schmecken im Schwarztee, als Kuchenzutat oder zu Vanilleeis mit Sahne.

Rumrosinen

1 Stück kandierte Ingwerwurzel
250 g Sultaninen
1 Vanillestange
54%iger Rum

Die kandierte Ingwerwurzel sehr fein hacken und mit den Sultaninen und der in Stücke geschnittenen Vanillestange in ein Glas geben. So viel Rum dazugießen, dass die Sultaninen gut bedeckt sind. Kühl gestellt einige Wochen ziehen lassen.

Tipp: *Die Rumrosinen könne als leckere Beilage zu Desserts wie Pudding oder Eis gereicht werden.*

Mit der Kaffeemühle frisch gemahlener und in der Kanne aufgebrühter Kaffee ist besonders aromatisch.

Weihnachtsstollen

je 100 g Zitronat und Orangeat
je 200 g Rosinen und Korinthen
200 g gehackte Mandeln
6 EL Rum
750 g Mehl
2 Würfel Hefe (84 g)
100 g Zucker
250 ml lauwarme Milch
3 P. Vanillezucker
400 g weiche Butter
jodiertes Salz
2 EL Margarine für das Blech
100 g Puderzucker

Zitronat und Orangeat fein würfeln. Die Rosinen und die Korinthen heiß abspülen, dann abtropfen lassen. Mit Zitronat und Orangeat, den Mandeln und dem Rum mischen und darin ziehen lassen. Das Mehl in eine große Schüssel geben, in die Mitte eine Mulde drücken. Die Hefe in das Mehl bröckeln, mit 1 EL Zucker, etwas Milch und Mehl verrühren und den Hefevorteig 30 Minuten an einem warmen Ort gehen lassen. Dann den Vanillezucker, den restlichen Zucker, 300 g Butter und etwas Salz auf den Mehlrand geben. Alle Zutaten gründlich verkneten. Zugedeckt an einem warmen Ort etwa 30 Minuten gehen lassen. Danach die in Rum eingelegten Zutaten unter den Teig kneten. Den Teig zu einem etwa 50 cm langen Oval ausrollen. In die Mitte mit einem Nudelholz längs eine Vertiefung drücken, den Teig längs übereinander schlagen. Ein Backblech mit 1 EL Margarine fetten, den Stollen darauf legen und abgedeckt 30 Minuten gehen lassen. Den Backofen auf 200 °C vorheizen. Den Stollen auf der untersten Einschubleiste des Backofens etwa 15 Minuten backen. Die Hitze auf 180 °C reduzieren und den Stollen weitere 60 Minuten backen. Den heißen Stollen mit der restlichen Butter bestreichen und zum Schluss mit dem Puderzucker überstäuben.

Apfelbrot

Für den Teig:
2 EL Rosinen
1 cl Rum
400 g Äpfel
1 TL gemahlener Zimt
4 Eier
125 g Zucker
5 EL Butter
150 g Mehl
2 TL Backpulver

Außerdem:
1 EL Butter für die Form
1 EL Semmelbrösel
50 g Puderzucker zum Bestreuen

Die Rosinen mit dem Rum übergießen und zugedeckt ziehen lassen. Die Äpfel schälen, vierteln, das Kerngehäuse herausschneiden, die Äpfel grob raspeln und mit dem Zimt und den Rosinen mischen. Die Eier trennen. Die Eigelbe mit dem Zucker und der Butter so lange verrühren, bis die Masse cremig ist. Das Mehl mit dem Backpulver mischen. Nach und nach unter die cremige Masse rühren. Danach die Apfel-Rosinen-Mischung hinzufügen. Die Eiweiße zu Schnee schlagen und unter den Teig heben. Den Backofen auf 200 °C vorheizen. Eine Kastenform mit der Butter ausfetten, dann mit den Semmelbröseln ausstreuen. Den Teig einfüllen. Im Backofen auf der Einschubleiste etwa 40 Minuten backen. Danach auskühlen lassen, aus der Form nehmen und mit Puderzucker bestreuen.

Variation: *Nach dem gleichen Rezept kann auch Birnenbrot hergestellt werden. Dazu die Äpfel durch feste Kochbirnen ersetzen.*

Weihnachtsstollen ist wohl das bekannteste Backwerk der Weihnachtszeit. Selbstgemacht schmeckt er natürlich am besten.

Erfrischend fruchtig und besonders lecker zur Teestunde im Advent ist das Apfelbrot.

Die braunen Kuchen sind ein typisches Weihnachtsgebäck aus Norddeutschland.

Braune Kuchen

1 kg Rübensirup
250 g brauner Zucker (Kandisfarin)
250 g reines Schweineschmalz
30 g Pottasche, 50 ml lauwarmes Wasser
1½ kg Mehl
1 Msp. Hirschhornsalz, 1 EL Zimtpulver
3 EL abgeriebene Schale
von einer unbehandelten Zitrone
2 EL Mehl
150 g Hagelzucker, 100 g Mandelblättchen
2 EL Margarine für die Bleche

Den Sirup, den Zucker und das Schmalz in einem hohen Topf unter Rühren aufkochen, danach abkühlen lassen. Die Pottasche mit dem lauwarmen Wasser verrühren, dann unter die Sirupmasse rühren. Das Mehl in eine große Schüssel geben, das Hirschhornsalz, den Zimt und die Zitronenschale dazugeben und alles gut mischen. In die Mitte der Mehlmischung eine Mulde drücken und die Sirupmasse hineingeben. Alles verrühren und zu einem glatten Teig verkneten. Diesen zugedeckt an einem kühlen Ort etwa 12 Stunden ruhen lassen. Nach der Ruhezeit den Teig nochmals durchkneten und auf einer mit dem Mehl bestreuten Arbeitsfläche etwa 3-4 Millimeter dick ausrollen. Aus dem Teig Plätzchen mit einer Ausstechform nach Wahl ausstechen. Die Plätzchen mit Hagelzucker und Mandelblättchen bestreuen. Den Backofen auf 180 °C vorheizen. Die braunen Kuchen auf eingefettete Backbleche legen und bei 180 °C etwa 15 Minuten backen. Die Plätzchen halten sich in gut verschlossenen Dosen über mehrere Monate.

Nürnberger Lebkuchen

150 g flüssiger Honig, 50 g Butter,
50 g Zucker, 250 g Mehl, 1 P. Backpulver
1 Eigelb, 2 EL abgeriebene Schale
einer unbehandelten Zitrone, 1 EL Kakao
1 TL Zimtpulver
je 1 Msp. Nelkenpulver und Kardamompulver
je 50 g fein gehacktes Zitronat und Korinthen
150 g gemahlene Haselnüsse
2 EL Mehl, 1 EL Margarine für das Blech

Für den Guss:
125 g Puderzucker, 1 Eiweiß

Den Honig, die Butter, den Zucker und 2 EL Wasser in einem hohen Topf unter Rühren bei mittlerer Hitze zerlassen. Danach in eine große Schüssel gießen und etwas erkalten lassen. Das Backpulver mit dem Mehl mischen. Zu der noch lauwarmen Masse das Eigelb, die Zitronenschale, den Kakao, das Nelken- und Kardamompulver und etwa zwei Drittel der Mehl-Backpulver-Mischung geben und alles gut verrühren. Danach das Zitronat, die Korinthen, die gemahlenen Haselnüsse und das restliche Mehl darunter rühren und verkneten. Eine Arbeitsfläche mit dem Mehl bestreuen und den Teig darauf gründlich durchkneten. Danach diesen etwa 1 cm dick ausrollen. Mit einer Tasse oder einer Ausstechform runde Plätzchen ausstechen. Den Backofen auf 180 °C vorheizen. Ein Backblech mit der Margarine fetten. Die ausgestochenen Plätzchen auf das Blech legen und im Backofen etwa 20 Minuten backen. Danach vom Blech nehmen. Den Puderzucker mit dem Eiweiß und ½ TL Wasser verrühren. Die Lebkuchen mit dem Guss bestreichen und abkühlen lassen.

***Tipp:** Mit Mandeln oder kandierten Früchten in Scheiben belegt, sehen die Lebkuchen noch ansprechender aus. Man kann die Lebkuchen auch mit einem Schokoladenguss überziehen*

Der Schnee verwandelt Vertrautes in weiße Märchenlandschaften.

Die Besonderheit des Winters lag für uns in der Erwartung der Advents- und Weihnachtszeit. Die Tage wurden gezählt – der festliche Jahresabschnitt herbeigesehnt. Gleichzeitig wurde die dunkle Jahreszeit, in der die Arbeit im Garten ruhte, für allerlei häusliche Aktivitäten genutzt: Das Silberbesteck wurde geputzt, die Kleidung ausgebessert und Neues genäht oder gestrickt.

Mit zu den schönsten Begleiterscheinungen des Winters – außer dem Schnee, der Gelegenheit für Spiele, Schneeballschlachten, Rodeln und andere Aktivitäten bot – gehörte die winterliche Bäckerei. Ob Kipferl, Kekse oder die leckeren Kuchen für die Sonntage, die Düfte ließen die Vorfreude auf die weihnachtlichen Genüsse ansteigen. Und dann waren da noch die Teigschüsseln. Wir Kinder durften diese reihum mit den Fingern ausschlecken und die Teigreste, die am Schüsselrand klebten, naschen. Natürlich gab es unter uns stets einen »Kampf« um diese Schüsseln.

Neben der häuslichen Bäckerei wurden auch Konfekt oder Bonbons hergestellt. Einerseits zum Verschenken an Freunde, andererseits für uns Kinder als Belohnung für besondere Leistungen in der Schule. Noch heute gehört für mich die Herstellung von Plätzchen, Pralinen und Konfekt einfach zur Vorweihnachtszeit dazu.

In allerbester Erinnerung sind mir die Spaziergänge durch die winterlichen Wälder in der Umgebung geblieben. Auch wenn es draußen feucht und kalt war, wussten wir doch, dass später zu Hause ein Glas frische, warme Milch mit Honig gesüßt und einige Kekse auf uns warteten. Und manchmal gab es sogar Sirupkuchen oder Apfelbrot. Herrliche unbeschwerte Kinderzeit!

Vanillekipferl

300 g Weizenmehl
2 Eigelb
200 g gekühlte Butter
150 g geriebene Mandeln
100 g Zucker
1 EL Mehl
1 Vanilleschote
60 g Puderzucker

Das Mehl auf ein Backbrett geben, in die Mitte eine Vertiefung drücken und die Eigelbe hineingeben. Die Butter in Flöckchen rund um das Mehl setzen, die Mandeln und den Zucker darüber streuen. Alles zu einem glatten Teig verkneten. Den Mürbeteig 30 Minuten im Kühlschrank ruhen lassen. Dann den Backofen auf 175 °C vorheizen. Aus dem Mürbeteig mit leicht bemehlten Händen kleine Kipferl (Hörnchen) formen und auf das mit Backpapier ausgelegte Backblech geben. Die Kipferl auf der mittleren Einschubleiste im Backofen in 20 bis 25 Minuten hellbraun backen. Das Mark aus der Vanilleschote kratzen und mit dem Puderzucker mischen. Die Kipferl noch warm in dem Vanillezucker wenden und auskühlen lassen. In einer Blechdose aufbewahren. Die einzelnen Schichten durch Pergamentpapier voneinander trennen.

Die Vanillekipferl (links) gelingen auch ungeübten Bäckern leicht; für den Spekulatius (rechts) benötigt man einige Übung, um den Teig aus den Formen zu lösen.

Mandelspekulatius

500 g Weizenmehl
1 P. Backpulver
2 Eier
250 g gekühlte Butter
250 g Zucker
2 EL abgeriebene Schale einer unbehandelten Zitrone
1 TL Zimtpulver
2 g Nelkenpulver
1 g Kardamom
150 g geriebene Mandeln
1 TL Kakaopulver
3 EL Mehl zum Ausrollen

Das Mehl mit dem Backpulver mischen und auf ein Backbrett häufen. In die Mitte eine Vertiefung drücken und die aufgeschlagenen Eier hineingeben. Die Butter in Flöckchen rund um das Mehl setzen. Den Zucker, die Zitronenschale, den Zimt, das Nelkenpulver, den Kardamom, die geriebenen Mandeln und den Kakao darüber streuen. Alles zu einem glatten Teig verkneten. Den Mürbeteig 30 Minuten in den Kühlschrank stellen. Den Backofen auf 200 °C vorheizen. Den Teig auf einem bemehlten Backbrett dünn ausrollen. Die Spekulatiusformen mit Mehl bestäuben und den Teig in die Form drücken. Die Figuren aus den Formen schlagen, den überschüssigen Teig mit einem spitzen Messer abschneiden. Ein Backblech mit Backpapier auslegen. Die Spekulatius darauf legen und auf der mittleren Schiene des Backofens in 15 Minuten goldgelb backen.

Ein absolutes Muss für große und kleine Naschkatzen sind die Krokantpralinès mit Schokoladenüberzug.

Krokantpralinés

150 g Zucker
150 g gehackte Mandeln
1 EL Butter
200 g Halbbitterkuvertüre

Den Zucker mit 6 EL Wasser in einem Topf aufkochen. Unter Rühren kochen lassen, bis sich der Zucker hellbraun färbt. Dann die Mandeln einrühren. Ein Backblech mit der Butter bestreichen. Die Masse darauf geben und abkühlen lassen. Danach in Stücke brechen. Die Kuvertüre nach Packungsanweisung im Wasserbad auflösen. Die Krokantstücke zur Hälfte hineintauchen, auf Pergamentpapier legen und die Glasur fest werden lassen.

Anisplätzchen

4 Eier
250 g Zucker
2 EL gestoßener Anis
3 TL abgeriebene Schale einer unbehandelten Zitrone
½ Päckchen Backpulver, 280 g Mehl
1 EL Margarine für das Blech

Die Eier unter portionsweiser Zugabe des Zuckers schaumig schlagen. Danach den Anis, die Zitronenschale und das mit dem Backpulver gemischte Mehl dazugeben und alles zu einem glatten Teig rühren. Ein Backblech mit der Margarine fetten und mit einem Teelöffel kleine Teigportionen darauf setzen. Das Blech zugedeckt bei Zimmertemperatur etwa 12 Stunden stehen lassen. Danach den Backofen auf 100 °C vorheizen und die Plätzchen in etwa 30 Minuten auf der mittleren Einschubleiste hellgelb backen. (Foto: oben)

Aprikosenkonfekt

100 g getrocknete Aprikosen
300 g Puderzucker
200 g Marzipanrohmasse
1 TL abgeriebene Schale einer unbehandelten Zitrone
2 cl Aprikot-Brandy
4 EL Zitronensaft

Die Aprikosen fein hacken. Dann mit 100 g Puderzucker, dem Marzipan, der Zitronenschale und dem Brandy gut verkneten. Aus der Masse Kugeln formen, diese etwa 8 Stunden antrocknen lassen. Den restlichen Puderzucker mit dem Zitronensaft verrühren. Die Kugeln mit dem Guss überziehen. (Foto: Mitte)

Walnusskonfekt

3 Eiweiß
500 g Zucker
500 g geriebene Walnusskerne
150 g brauner Zucker (Kandisfarin)

Die Eiweiße in einer Schüssel steif schlagen. Danach den Zucker und die Walnusskerne unter die Masse heben. In der Schüssel zugedeckt etwa 3-4 Stunden ruhen lassen. Aus der Masse kleine Kugeln formen, diese in dem braunen Zucker wälzen, dann auf ein Backblech legen. Im Backofen bei etwa 50 °C trocknen lassen. (Foto: unten)

Zergehen zartschmelzend auf der Zunge: die Sahnebonbons.

Marzipan

350 g süße Mandeln
30 g bittere Mandeln
280 g Zucker
1 TL Rosenwasser (Apotheke)
50 g Puderzucker

Die Mandeln mit kochendem Wasser überbrühen und die Haut abziehen. 100 g Mandeln zum Garnieren beiseite legen, die restlichen Mandeln sehr fein reiben oder in einer Nussmühle mahlen. Danach mit dem Rosenwasser und dem Zucker in einem Topf mischen und unter geringer Hitzezufuhr so lange rühren, bis die Masse sich vom Topf löst und nicht mehr klebt (mit einem Finger eine Probe machen).

Den Mandelteig auf einer mit dem Puderzucker bestreuten Arbeitsfläche etwa 1 cm dick ausrollen. In Würfel schneiden oder mit kleinen Backformen Figuren ausstechen. Jedes Stück mit einer Mandelhälfte garnieren. Im Backofen bei 50 °C auf einem Backblech trocknen lassen.

Tipp: Die Marzipanplätzchen können auch mit geschmolzener Blockschokolade überzogen werden. Dann die Mandelhälften auf die Schokoladenglasur setzen.

Trüffelhütchen

3 Eier, 125 g Zucker
200 g gemahlene Mandeln
5 EL Mehl, 150 g Halbbitterschokolade
1 cl Weinbrand, 3 Eigelb
125 g Butter, 100 g Puderzucker
200 g Halbbitterkuvertüre

Die Eier trennen. Das Eiweiß steif schlagen. Den Zucker in kleinen Portionen dazugeben und weiterschlagen, bis er sich vollständig aufgelöst hat. Die Mandeln und das Mehl unter den Eischnee ziehen. Die Masse in einen Spritzbeutel mit runder Tülle füllen. Auf ein mit Backpapier ausgelegtes Blech kleine Plätzchen spritzen. Diese im vorgeheizten Backofen bei 200 °C etwa 15 bis 20 Minuten backen, dann auskühlen lassen. Die Halbbitterschokolade zusammen mit dem Weinbrand in einem Wasserbad schmelzen lassen, ein wenig abkühlen lassen und dann die Eigelbe, die Butter und den Puderzucker unterrühren. Die Masse auf die abgekühlten Plätzchen streichen. An einem kühlen Ort – aber nicht im Kühlschrank – fest werden lassen. Die Kuvertüre nach Packungsvorschrift im Wasserbad schmelzen lassen. Die Plätzchen mit der Kuvertüre überziehen und auskühlen lassen.

Gefüllte Backpflaumen

100 g Vollmilchschokolade
100 g Butter, 100 g Zucker
1 Eigelb
2 cl Zwetschgenwasser
250 g entsteinte Backpflaumen
3 EL Puderzucker

Die Schokolade im Wasserbad schmelzen lassen. Die Butter mit dem Zucker, dem Eigelb und dem Zwetschgenwasser schaumig rühren. Die flüssige Schokolade darunter schlagen, dann die Masse erkalten lassen. Mit einem Rührgerät zu einer cremig-festen Masse verschlagen. Die Masse in einen Spitzbeutel füllen. Die Backpflaumen der Länge nach aufschlitzen, dann mit der Creme füllen. Mit etwas Puderzucker überstäuben und kalt stellen.

Lassen Sie sich nicht vom Namen täuschen: die Zwiebelbonbons sind eine süße Leckerei.

Weiche Sahnebonbons

1 EL Butter für das Blech
1 l süße Sahne
2 TL Butter
250 g Zucker

Ein Backblech mit der Butter einfetten. Die Sahne in einem Topf erhitzen, dann die Butter und danach den Zucker einrühren. Unter Rühren kochen, bis sich die Masse vom Topf löst. Die Masse sofort auf das Blech gießen, etwas flach streichen und erstarren lassen. Bevor die Masse fest wird, in kleine Stücke schneiden. Wenn erkaltet, die Stücke vom Blech nehmen und in eine Schale legen. Die Bonbons sollten möglichst bald verzehrt werden, damit sie nicht ganz weich werden.

Zwiebelbonbons

500 g Zucker
2 EL Essig
100 g fein geriebene Zwiebel
1 EL Butter für die Platte

Den Zucker in 2 EL Wasser und dem Essig bei mittlerer Hitze schmelzen lassen. Danach die geriebene Zwiebel hinzugeben und unter Rühren honigfarben bräunen lassen. Die Masse auf eine eingefettete flache Platte gießen, etwas erstarren lassen, dann in größere Stücke schneiden. Wenn die Masse vollständig erkaltet ist, die Stücke auseinander brechen und weitere 3–4 Stunden ausgebreitet erkalten lassen.

Tipp: Die Bonbons sind als Hausmittel gegen Husten und Heiserkeit bewährt.

Hagebutten lassen sich zu Tee, Wein, Likör oder Marmelade – Hagebuttenmark genannt – verarbeiten. Das Entkernen der Früchte ist allerdings etwas mühselig.

Für den Winter wurden zwei von uns Kindern weniger geschätzte Beerensorten gesammelt: die Hagebutten und nach den ersten stärkeren Nachtfrösten im November auch die Schlehen. Das Sammeln war eine stachlige Angelegenheit, die wir weit weniger schätzten als das Kräuter- oder Pilzesammeln. Zu Hause wurden die Hagebutten verarbeitet: Zuerst wurden die Früchte abgespült, anschließend die Stiel- und Blütenansätzen abgeschnitten. Wenn Saft gemacht werden sollte, wurden die ganzen Früchte mitsamt den Kernen in den großen Dampfentsafter gefüllt und so lange gekocht, bis der Saft austrat. Dieser wurde in heiß ausgespülte Flaschen gefüllt, die sofort sorgsam verschlossen wurden. Aus einem Teil des so gewonnenen Saftes wurde Gelee gekocht.

Aber auch richtige Marmelade mit Fruchtstücken wurde in der häuslichen Küche zubereitet. Dazu mussten die gesäuberten Früchte längs aufgeschnitten und die pelzigen Kerne herausgekratzt werden – eine mühsame Arbeit, die keiner besonders schätzte. Das Fruchtfleisch wurde anschließend grob gehackt und mit Zucker im Verhältnis 1:1 zu Marmelade gekocht. Wir Kinder machten uns in jedem Jahr einen Spaß daraus, einige Handvoll Kerne heimlich beiseite zu schaffen, um diese dann als »Juckpulver« anderen Kindern in den Halsausschnitt zu stecken. Während die Hagebutten geputzt wurden, sortierte Mutter stets die schönsten Früchte aus und legte diese beiseite. Daraus wurde ein Likör hergestellt, der nicht nur im häuslichen Kreis getrunken wurde, sondern auch als Geschenk zu Weihnachten bei Freunden und Bekannten für Begeisterung sorgte. Vater liebte Hagebuttenkonfitüre mit Quitten - und natürlich wurde sein Wunsch erfüllt. Auf 1 kg der Wildfrüchte wurden 1 kg klein geschnittene Quitten und 1,5 kg Zucker in einem Topf aufgekocht. Das Ergebnis war eine golden-rötliche köstliche Konfitüre, die mir heute noch besonders gut schmeckt.

Schlehen für die Schnapszubereitung sollte man nach dem ersten Frost pflücken, dann schmecken sie nicht mehr ganz so herb.

In guten Jahren wurden gewaltige Mengen Schlehen gepflückt. Manchmal so viele, dass wir mit einem kleinen Handwagen zur Ernte auszogen, weil keiner die gesammelten Mengen tragen konnte.

Die blauen Früchte wurden zu Hause meist zur Herstellung von Likören und Schnaps verwendet. Damit hatte es auch eine besondere Bewandtnis, die ich heute, nach vielen Jahren, verraten darf; denn als Kinder wurden wir zu strengstem Stillschweigen verdonnert. Vater hatte einen guten Bekannten, der im Keller eine kleine Destille stehen hatte. Das Brennen von Alkohol war damals wie heute verboten. Aber Alkohol, sprich Weingeist, aus der Apotheke war sehr teuer, so dass man zu dieser Möglichkeit griff.

Die gesammelten Früchte wurden verlesen und die Stiele entfernt. Je nachdem, wie viel Frost die Früchte abbekommen hatten, wurden sie entweder gleich verarbeitet, oder aber noch ein paar Nächte dem Frost ausgesetzt, damit sich der strenge, bittere Geschmack der Schlehen in herbe Süße umwandelte.

Eimerweise brachte Vater die gesammelten Wildfrüchte zu seinem Freund, der daraus einen wasserklaren Schnaps brannte. Dieser wurde gut verkorkt in Flaschen aufbewahrt, um für Liköre und andere selbst gemachte Spezialitäten verwendet zu werden.

Etwa 500 g reife, zerkleinerte Schlehen wurden mit 100 g Zucker und einer Vanilleschote in einen Glasballon gegeben und mit zwei Flaschen (etwa 1½ Liter) des Schlehenschnapses übergossen. Das Ganze mußte dunkel gestellt etwa 6 Wochen ziehen und wurde alle paar Tage gut durchgeschüttelt. Danach wurde der Likör durch ein Mulltuch gegossen und in Flaschen gefüllt. Wir Kinder durften nicht einmal an den Flaschen schnuppern, der ganze Vorgang wurde als ein Familiengeheimnis gehütet.

War die Schlehenernte einmal besonders reichlich ausgefallen, wurde aus den herben Früchten auch Gelee oder Sirup zubereitet, die von uns Kindern allerdings nicht sehr geschätzt wurden. Der Sirup wurde zu Puddings gereicht oder manchmal auch heiß – mit etwas Wasser verdünnt – als Heilmittel gegen Erkältungen eingenommen.

Schlehengelee

Für 7 Gläser (à ca. 250 ml)
1 kg Schlehen
500 g Äpfel
1 El Zitronensaft
2 El Schlehenschnaps oder Korn
1 kg Gelierzucker

Die Schlehen mit einer Gabel einstechen. Die Äpfel waschen, vierteln, Stiele und Kerngehäuse entfernen. Schlehen, Apfelstücke, Zitronensaft und Schnaps mit ca. 1½ l Wasser in einen Topf geben. Das Ganze aufkochen und bei geringer Hitze etwa 1 Stunde köcheln lassen. Den Saft anschließen über einem mit einem Leinentuch ausgelegten Sieb ca. 12 Stunden abtropfen lassen. 750 ml von dem Saft abmessen und mit dem Gelierzucker unter ständigem Rühren ca. 4 Minuten sprudelnd kochen. Das Gelee sofort in saubere Gläser füllen und diese sofort verschließen.

Schlehensirup

Für 2 Flaschen (à 500 ml)
2 kg Schlehen
750 g Zucker
1 Msp. Nelkenpulver
1 TL Zimtpulver

Die Schlehen sollten Frost abbekommen haben. Ersatzweise 48 Stunden in das Gefrierfach legen. Die Schlehen in einen Topf geben und mit so viel kochendem Wasser übergießen, dass sie vollständig bedeckt sind. Etwa 24 Stunden stehen lassen. Danach die Flüssigkeit abgießen, aufkochen und wieder über die Schlehen gießen. Diesen Vorgang 2-mal bis 3-mal wiederholen. Danach den Saft durch ein Sieb und anschließend durch einen Kaffeefilter gießen. Den Saft mit dem Zucker, dem Nelken- und Zimtpulver so lange kochen, bis sich der Zucker vollständig aufgelöst hat. Den Sirup noch heiß in Flaschen füllen und diese sofort verschließen.

Eierlikör

Für 2 Flaschen (à 500 ml)
4 Eigelb
200 g Zucker
½ Vanilleschote
250 ml Milch
100 ml reiner Alkohol (Apotheke)

Die Eigelbe mit dem Zucker schaumig rühren. Die Vanilleschote längs aufschlitzen und auskratzen. Das Vanillemark, die Milch und den Alkohol dazugeben. Alles gut verrühren und kühl lagern. Nach 24 Stunden ist der Eierlikör genussfertig. Der Eierlikör ist in verschlossenen Flaschen im Kühlschrank etwa 4 Wochen haltbar.

Hagebuttenlikör

Für 2 Flaschen (à 700 ml)
500 g Hagebutten
½ l Weingeist (Apotheke)
½ l Kornbranntwein
1 kg Zucker

Die Hagebutten, die nach dem ersten Frost geerntet werden sollten, entstielen, dann in einem Topf zerquetschen oder mit einem Mixer zerkleinern. Den Weingeist und den Korn über die Hagebutten gießen. Den Zucker in ¾ l Wasser in etwa 15 Minuten zu Sirup kochen. Diesen heiß über die Früchte gießen. Alles in ein großes Glas füllen, dieses fest verschließen. Etwa 14 Tage auf eine sonnige Fensterbank stellen. Danach die Flüssigkeit mehrfach durch ein Leinentuch gießen, dann in Flaschen füllen. Vor dem Verbrauch etwa 4 Wochen lagern.

Bärenfang

Für 2 Flaschen (à 700 ml)
5 Nelken
1 l Wodka
350 g heller, flüssiger Honig

Die Nelken etwa 24 Stunden in dem Wodka ziehen lassen, dann entfernen. Den Wodka in eine große Schüssel gießen, den Honig mit den Quirlen des Handrührgeräts darunter schlagen. Den Bärenfang in Flaschen füllen. Diese dunkel aufbewahren.

In der kalten Jahreszeit gibt es nichts Wohltuenderes, als in aller Ruhe ein Bad zu nehmen.

Zitronenessigbad

Für 1 Flasche (à ca. 500 ml)
1 ungespritzte Zitrone
½ l Obstessig

Die Schale der Zitrone hauchdünn abschälen, dann mit dem Obstessig übergießen. Den Zitronensaft auspressen, durch einen Kaffeefilter gießen und dazugeben. Etwa 10 Tage dunkel gestellt ziehen lassen, dann erneut filtern und in eine Flasche füllen.

Tipp: Für ein Bad werden etwa 150 ml Zitronenessig benötigt. Der Essig erfrischt und reinigt die Haut.

Nach dem Bad pflegt man die Haut auf natürliche Weise mit dem wunderbar duftenden Lavendelhautöl.

Lavendel-Hautöl

Für 1 Flasche (à ca. 500 ml)
30 g frische Lavendelblätter
½ l Weizenkeimöl

Die Lavendelblätter 3–4 Tage lang in dem Weizenkeimöl ziehen lassen, danach durch einen Kaffeefilter gießen und in eine Flasche abfüllen.

Tipp: Das Öl erhöht die Spannkraft der Haut. Das Öl vor dem Schlafengehen auftragen und über Nacht in die Haut einziehen lassen.

PARIS

Am allerschönsten an der Winterzeit war die Vorfreude auf das Weihnachtsfest. Kleinigkeiten vermochten zumindest ebenso viel Freude zu bereiten wie heute die oftmals teuren Dinge, die alljährlich auf dem Gabentisch liegen.

Die Vorratskammer war mit vielen schönen Dingen gefüllt, so dass man den ganzen Winter über gut versorgt war: Zum Frühstück stand selbst gemachte Marmelade auf dem Tisch, Kompott wurde als Nachtisch oder zu Pfannkuchen gegessen und ersetzte die frischen Früchte des Sommers. Der Schinken aus eigener Schlachtung wurde verzehrt, das Brot mit selbst hergestelltem Schmalz bestrichen. Und die sauren Gurken, eingelegten Kürbisse und anderes haltbar gemachte Gemüse standen oftmals als Beilage zum Sonntagsbraten oder zu einem einfachen Butterbrot auf dem Tisch – schließlich musste mit dem im Keller eingelagerten frischen Gemüse sparsam umgegangen werden. Am ersten Adventssonntag wurde traditionell der Rumtopf angebrochen, für den seit Juni Früchte eingelegt worden waren. Wir Kinder durften davon natürlich nicht naschen, doch wurden wir mit den ersten von Mutters Weihnachtsplätzchen dafür entschädigt.

Die ganze Adventszeit stand im Zeichen der Vorbereitung auf das kommende große Fest. Es wurde gebacken und gebastelt, genäht, gestickt, gestrickt und gebrutzelt. Tagelang war der große Küchenherd scheinbar ununterbrochen in Benutzung, um ein Backblech mit Plätzchen, Stollen, Kuchen und Broten nach dem anderen zu backen. Am zweiten Adventssonntag wurden jedes Jahr ältere Verwandte besucht und mit einem Fläschchen Magenbitter, Eierlikör oder Hagebuttenlikör beschenkt.

Nie bemerkten wir, welche Vorbereitungen für die Bescherung getroffen wurden. Zum 1. Advent wurde ein Wunschzettel von jedem Kind geschrieben, der dann auf wundersame Weise am Nikolaustag, wenn die Rute und einige Süßigkeiten die säuberlich geputzten Schuhe auf der Fensterbank füllten, verschwand. Als wir noch klein waren, stand für uns fest: Nikolaus hat die Wunschzettel abgeholt. Erst Jahre später erfuhren wir, dass Mutter der »gute Geist« war, der sorgfältig und mit ausgeprägtem Gerechtigkeitssinn für die Freude am weihnachtlichen Gabentisch sorgte.

Dann endlich, nach langer Wartezeit, war der große Festtag gekommen: Weihnachten. Sorgfältig wurden unsere Bastelarbeiten verpackt, jedes Kind wiederholte noch ein letztes Mal sein auswendig gelerntes Weihnachtsgedicht. Die Stunden schienen nicht vorbeigehen zu wollen – langsam, viel zu langsam wurde es dunkel.

Frisch gebadet und in bester Kleidung wurde dann gemeinsam zu Abend gegessen. Wie in jedem Jahr gab es Kartoffelsalat und Würstchen, damit Mutter nicht stundenlang kochen musste. Und dann zog sich Vater in das Weihnachtszimmer zurück. Bald danach klingelte ein Glöckchen als Zeichen für den Beginn des Festes. Erst danach durften wir eintreten und standen mit staunenden Augen vor dem bis an die Decke reichenden Baum, der über und über mit Kerzen bestückt war, die das besondere Licht des Festes ausstrahlten. Nachdem wir reihum unser Gedicht aufgesagt hatten, durften die Geschenke ausgepackt werden. Meist waren es praktische Dinge wie Kleidung, doch gab es meist für jeden auch ein Spielzeug. Ebenso wichtig waren die Weihnachtsteller, gefüllt mit Lebkuchen und Pfeffernüssen aus der vorweihnachtlichen Backzeit, mit duftenden rotbackigen Äpfeln, kleinen Figuren aus Trockenpflaumen und einer Apfelsine.

Am nächsten Tag, dem ersten Weihnachtstag, wurde traditionell eine Gans auf den Tisch gebracht: goldbraun, knusprig und einen herrlichen Bratenduft verbreitend. Noch heue gehört dieses Gericht für mich zum Weihnachtsfest einfach dazu.

Weihnachten war in allen Familien der Höhepunkt eines Jahres: Das war der Tag, an dem das Feinste aus Küche und Keller auf den Tisch kam – die Belohnung für die vielen Mühen eines ganzen Jahres. Zum Weihnachtsfest wünsche ich allen Lesern jene kulinarischen Genüsse, die kein Feinkostgeschäft und kein Restaurantbesuch bieten können.

Birnen in Rotwein
Eingelegtes Gemüse

I. Alphabetisches Rezeptverzeichnis

II. Rezeptverzeichnis nach Jahreszeiten

Frühling

Sommer

Herbst

Winter

Autor: Norbert Frank
Titelfoto: G+J Fotoservice/Bokelberg
Fotos: Reinhard Tierfoto, Heiligenkreuzsteinach-Eiterbach (27),
Photo-Disc Inc. (22),
IPR&O, Bonn (1);
alle übrigen Fotos und Gesamtherstellung:
Naumann & Göbel Verlagsgesellschaft mbH, Köln

ISBN 3-625-10843-7